EL DERECHO A PROCREAR

UNA VISIÓN LATINOAMERICANA

JORGE LUIS ESQUIVEL ZUBIRI

Título: El Derecho a Procrear. Una Visión Latinoamericana.
Autor: Jorge Luis Esquivel Zubiri
Editor: Amazón
Primera Edición
Ciudad de México. Formato electrónico
Domicilio del editor: Zarco 105-1, Colonia Guerrero, Delegación
Cuauhtémoc, Ciudad de México.

Para mis amigos Alejandro Villanueva y Ana Laura Sotelo.
Quienes conservaron este texto durante quince años.

INDICE

INTRODUCCIÓN

Todos los seres humanos, nacemos, crecemos, nos reproducimos y al final, morimos. Esa es la ley de la vida.

En el presente trabajo, sólo nos incumbe aquella fase de la vida, en la cual debemos nuestra existencia, nos referimos desde luego, a la reproducción.

No abordamos las disposiciones referentes a la intervención de diagnóstico, tratamiento y manipulación de gametos y preembriones, así como la utilización de los mismos para fines de investigación y experimentación, por considerar que ambos temas, no son de interés del derecho familiar, sino más bien, del derecho público, por lo que se refiere a la materia de salubridad.

El tema principal al que se enfoca este trabajo, es la fecundación humana asistida, sus repercusiones tanto éticas, religiosas, morales, así como sus dificultades jurídicas, vistas desde el punto de las relaciones jurídicas del derecho familiar.

Para conseguir éste objetivo, la estructura del presente trabajo va encaminada a darle al lector, mayor amplitud al tema, así como el de someter a juicio del lector, una pequeña crítica a la legislación que existe sobre el tema, así como a los criterios jurisprudenciales que han dictado diversos tribunales de Amèrica Latina. Hablamos particularmente, de lo dicho por la Corte Interamericana de Derechos Humanos, la Suprema Corte de Justicia en México, la Corte Constitucional de Colombia, entre otros.

Para eso el trabajo se encuentra dividido en siete apartados:

En el primero de ellos hablamos de reproducción humana, donde exponemos las diferencias que existen entre la reproducción biológica natural, en confrontación con nuestro tema de investigación.

En el segundo tema exponemos el Concepto de fecundación humana, haciendo la clara advertencia, que cualquier definición en nuestra materia, debe tomar en cuenta, valoraciones de carácter ético, político moral, religioso.

El tercer capítulo, que complementa y refuerza al que le antecede, se expone de manera genérica y aplicada a la materia, generalidades de Historia, Ética, Religión, Política y Derecho; en éste último, punto, se intenta definir la naturaleza jurídica y las diversas relaciones jurídicas de las personas y actos que participan en el procedimiento de fecundación humana.

El siguiente apartado (cuarto) es referente a la clasificación científica, donde se realiza una descripción científica de la inseminación artificial en sentido estricto, la fecundación in vitro con transporte de gametos, la clonación, la fecundación posmortem y la maternidad sustituta.

Conociendo todas las posibilidades tecnológicas de la fecundación asistida, el quinto apartado es sobre el Estado Familiar, donde se establece el estado y las relaciones jurídicas entre la pareja que consiente la fecundación asistida, los donantes del material genético y los seres humanos productos de la concepción asistida.

El sexto capítulo, es una exposición resumida de la forma mediante el cual las legislaciones extranjeras han regularizado la inseminación artificial, razón por la cual se denomina Tendencias jurídicas, lo que servirá como molde de inspiración, en el legislador mexicano.

El último capítulo es sobre las técnicas de reproducción asistida en el Derecho Positivo Mexicano , donde se realiza una crítica a las reformas hechas en el Código Civil del Distrito Federal publicadas el 26 de mayo del año 2000 en la Gaceta Oficial del Distrito Federal.

Originalmente la metodología utilizada en el presente trabajo, fue la doctrinal, consultando autores del derecho Positivo Español principalmente, toda vez que consideramos que la doctrina ibérica ha estudiado con mayor detalle el tema que se expone; así como también la legislación europea que ha reglamentado, esta materia.

Sin embargo, debe reconocerse que también, que con el objeto de actualizar el tema, se acudió a distintas fuentes legislativas sobre la materia, tales como leyes y ejecutorias publicadas en Argentina, Uruguay, Colombia y México; así como de la Corte Interamericana de Derechos Humanos, sin omitir también, algunas iniciativas de ley.

De igual forma por lo que se refiere a la metodología jurídica empleada, el presente trabajo es de carácter político-sociológico, haciendo consideraciones filosóficas como la moral y la ética, ante la deficiencia de normas jurídicas que regule nuestro objeto de investigación, así como la "imposibilidad" filosófica de crear o descubrir nuevos "entes" jurídicos.

Finalmente, es de comentarse que el tema de la fecundación humana asistida, es un tema realmente nuevo en la doctrina civilista de nuestro país, pero no en la jurisprudencia europea que ha abordado normativamente, el tema de nuestra tesina. Por lo que el trabajo que se exhibe, intenta resumir grosso modo, un objetivo curricular, que acertadamente se encuentra contemplado en el plan de estudios de la Maestría en Derecho.

EL DERECHO A PROCREAR

I.   LA REPRODUCCIÓN HUMANA

La reproducción humana, es el mecanismo biológico natural, mediante el cual, una pareja de seres humanos pueden procrear a un ser humano. Esta reproducción humana, puede ser de dos tipos. La Reproducción natural, que consiste en la unión íntima sexual de hombre y mujer; y la reproducción humana asistida, en la cual intervienen terceras personas, haciendo uso de los recursos y medios tecnológicos que la ciencia ha aportado, con la única finalidad de generar, e inclusive, hasta manipular, la reproducción humana.

Esta reproducción humana asistida, a su vez, la podemos subdividir en tres partes, aquella denominada "inseminación artificial", la "fecundación in vitro", y la polémica, "reproducción clonada".

1.1. Reproducción humana natural

La reproducción natural se consigue mediante la unión sexual entre hombre y mujer, a través del coito, es decir, por medio de la introducción del pene del varón en la cavidad vaginal de la mujer.

El pene erecto introducido en la cavidad vaginal, expulsa semen (millones de espermas), que enfrentarán el primer reto natural, de alcanzar el óvulo de la mujer, con el objeto de fecundarlo.

La mujer por otra en parte, en su aparato reproductor denominado vagina, hace que sus ovarios secrete óvulos cíclicamente; en promedio de veintiocho días, trasladándose el óvalo por las trompas de falopio, hasta llegar a la matriz, donde espera ansiosamente la llegada de un solo esperma, (de entre millones), para que éste logre fecundarla, y así originar, la concepción (la fusión entre esperma y óvulo); una célula, que en cuestión de tiempo, se convierte en un ser humano mortal.

Esta reproducción humana (vivípara) es el medio natural que los seres humanos han hecho durante millones de años para procrearse. Sin embargo, es necesario partir del supuesto de que no todos los seres humanos pueden hacerlo. Para algunas parejas le es difícil, y en el peor casos, es imposible

La fertilidad que consiste en la capacidad biológica que tienen los seres humanos para reproducirse, no necesariamente significa, que toda mujer y hombre lo sean, pues no todos tienen esa capacidad natural para originar vida humana; esa incapacidad, a veces irreversible, es lo que los médicos denominan esterilidad.

La infertilidad puede ser definida como la imposibilidad de alcanzar un embarazo clínico luego de haber mantenido relaciones sexuales sin protección durante doce meses o más. Las causas más comunes de infertilidad son, entre otras, daños en las trompas de Falopio, adherencias tubo-ováricas, factores masculinos (por ejemplo, bajo nivel de esperma), endometriosis, factores inmunológicos o pobre reserva ovárica. Se estima que la incidencia de la infertilidad asciende a un aproximadamente 10% de las mujeres en edad reproductiva.

Suele utilizarse las expresiones de "infertilidad" y "esterilidad" como sinónimos, sin embargo existen diferencias entre ambas; la esterilidad es la incapacidad para concebir y la infertilidad es la imposibilidad para finalizar la gestación con el nacimiento, es decir, sobre esta última, sobrevienen abortos después de haber logrado alguna gestación normal.

La esterilidad puede ser un problema de uno de los miembros de la pareja, o bien, puede ser de ambos.

Sin embargo, la esterilidad no sólo es un problema de carácter médico, sino también de carácter emocional. Millones de parejas que se forman y cohabitan todos los días, unen sus vidas, en la mayoría de los casos, con la intención de procrear. Esperan ansiosamente la llegada de un niño, sueñan apasionadamente, con ver crecer, educar y formar a un hijo. Un bebe, que se convierte en infante, en adolescente, joven y adulto.

El problema se agrava aún más, en el caso del rol tradicional de las mujeres, en lo que se refiere a la maternidad, lo que pudiera constituir un modo más de violencia hacia las mujeres.

La frustración emocional de la pareja de no poder concebir a un hijo, hablando por parejas, tanto heterosexuales como homoparentales, es causal de muchos problemas sentimentales que sin duda alguna, repercute en el campo jurídico.

La esterilidad, es la forma en que se denomina médicamente, el problema que consiste en el impedimento de carácter natural, que hace difícil, y en ocasiones imposible, que pueda lograrse la concepción entre la célula esperma y óvulo.

El ser humano, que es el único animal racional en la tierra, capaz de cuestionar el mundo social y natural que le rodea, ha indagado sobre la teología, la filosofía, la ciencia. Ha podido formar con todo ello, un criterio para discernir lo que es la existencia de Dios, del ser, de la existencia y consistencia, del arte, y de los valores; del conocimiento cierto de las cosas por sus causas.

La ciencia conoce bien, cuáles son esas causas de la esterilidad; y siendo el humano un ser racional, ha creado la tecnología para la solución de los problemas humanos, aplicando la ciencia, en estricto apego a los valores de la ética. Para poder de esa forma, solucionar el problema de esterilidad.

La solución a éste problema se llama: reproducción humana asistida.

II.   CONCEPTO

Lo más difícil del presente apartado, es precisamente aportar conceptos, en los cuales la ciencia del derecho, no se ha aventurado a darlos.

Lo difícil no nada más sería definir qué es la "reproducción humana la citología, (estudio de las células) sino también, adecuar esos conocimientos al léxico jurídico, como también la dificultad de aplicar conocimientos tradicionales y fundamentales de la teoría del derecho a la ciencia de la biología.

Por otra parte, otro impedimento más que se tiene para dar definiciones en el presente apartado, sería la falta de "pureza" en los conceptos; pues todo concepto que pudiéramos enunciar en éste tema, podría verse "contaminado", o necesariamente "iluminado", con un contenido de carácter ético, metafísico, ideológico, científico, teológico o religioso.

Por nuestra parte, diremos que la reproducción humana asistida, es la creación de un ser humano, que se obtiene mediante la participación de terceras personas y empleo de técnicas permitidas legalmente.

Este concepto de nuestra autoría, puede ser demasiado criticable, sin embargo, han sido pocos los juristas mexicanos quienes han decidido expresar su propia definición de la reproducción humana asistida.

ERNESTO GUTIÉRREZ Y GONZÁLEZ, define la reproducción humana asistida, como:

"El encuentro del espermatozoo y el óvulo, en el genital adecuado de la hembra – útero – por la introducción del esperma del macho, con el empleo de medios mecánicos, esto es, sin necesidad de coito". [1]

LUIS MARTÍNEZ – CALCERRADA, define por su parte la reproducción humana asistida, como el medio para poner en contacto dos elementos ontogénicos, la "fecundación" será el resultado de ese contacto o la "unión o fusión de dichos elementos". [2]

Una definición más sencilla, sería la de VLANIMING-BENDER quien la define como "el modo de introducir el esperma del varón en el organismo de la mujer, de manera que resulte apto para la generación, pero distinto a la forma natural". [3]

Sobre esta definición, es importante para un mayor conocimiento y desarrollo del tema que nos ocupa, enunciar las partes, personas y cosas, que participan en la reproducción humana asistida.

Podríamos definir también que es progenitor, paternidad,

---

[1] GUTIERREZ Y GONZÁLEZ, Ernesto. Derecho Sucesorio Inter Vivos y Mortis Causa. Editorial Porrúa. México 1995. Pág. 254.

[2] MARTÍNEZ – CALCERRADA, Luis. La Nueva Inseminación Artificial. (Estudio Ley 22 de Noviembre de 1988). Madrid, España 1989. Pág. 33.

[3] VLAMING-BENDER citado por MARTÍNEZ – CALCERRADA, Luis. Op. Cit. Pág. 33. .

maternidad, procreación, parentesco, cosa, persona; cualquier otra definición, que tendría el mismo problema al que hicimos en los párrafos que anteceden, que consistiría, en eso que denominamos "falta de pureza". Entendiendo por pureza, lo manifestado por Hans Kelsen, de que el derecho, no debe ser influenciado por consideraciones históricas, sociales, ideológicas, políticas, económicas.

Sin embargo, las definiciones a los temas que vamos a desarrollar consecuentemente, tienen la ventaja o desventaja, de verse influenciados principalmente por consideraciones de carácter científico más que jurídicos; pero en ocasiones, ante un dilema de la ciencia y de las lagunas del derecho, entran consideraciones extrajurídicas, que son los que veremos más adelante.

III.   HISTORIA, ÉTICA, RELIGIÓN, POLÍTICA Y DERECHO

En éste apartado, estudiaremos la ética, la religión, la política y finalmente el Derecho. es importante, que para tomar una postura jurídica ante el presente problema, se conozca la postura de las ramas del conocimiento antes mencionadas, a fin de realizar reflexionar y de valorizarla conveniencia o no de reglamentarlo.

3.1. Historia.

El primer nacimiento de un bebe producto de la Fecundación In Vitro ocurrió en Inglaterra en 1978. Mientras que en Latinoamérica, el nacimiento del primer bebe nacido de esta forma, fue en 1984 en Argentina.

El 3 de febrero de 1995, se emitió en Costa Rica el Decreto Ejecutivo N° 24029-S, emitido por el Ministerio de Salud, a través del cual se autorizó la Fecundación In Vitro para parejas conyugales y se regulaba en este mismo decreto su ejecución; la entidad que llevaba a cabo dichas técnicas de reproducción fue el Instituto Costarricense de Infertilidad, habiendo dado hasta el año 2000, 15 nacimientos, sin embargo, para el año 2000, la Sala Constitucional de dicho país declaró dicha técnica como inconstitucional.

Los argumentos que en su momento se utilizaron en la Sala Constitucional de Costa Rica para anular el referido decreto, fue que este atentaba el derecho a la vida, en virtud de que eliminaba o destruía a seres concebidos.

El Tribunal constitucional de dicho país resolvió la necesidad de tutelar el derecho a la vida a partir del momento de la concepción, además de prohibir tajantemente imponer la pena de muerte a una mujer en estado de gravidez, lo que constituía una protección directa y, por ende, un reconocimiento pleno de la personalidad jurídica y real del no nacido y de sus derechos. También la Sala hizo referencia al artículo 6 de la Convención sobre los Derechos del Niño. Sobre este punto, la Sala concluyó la obligación de proteger al embrión contra los abusos que pudiera ser sometido en un laboratorio y, especialmente del más grave de ellos, el capaz de eliminar la existencia.

El 30 de mayo de 2008, la señora Henchoz interpuso una acción de inconstitucionalidad contra la sentencia de la Sala Constitucional de 15 de marzo de 2000, la cual fue rechazada de plano. En dicha decisión la Sala consideró que su jurisprudencia era vinculante "erga omnes salvo para sí misma, de manera que el criterio vertido en ella podía ser modificada cuando existieran motivos para ello o razones de orden público.

Posteriormente, la señora Henchoz interpuso una demanda judicial contra la Caja Costarricense del Seguro Social con la finalidad de que se le permitiera practicarse la Fecundación In Vitro. La Caja adujo la imposibilidad de practicar dicho procedimiento debido a la Sentencia de 15 de marzo de 2000 que dictara la Sala Constitucional.

Sin embargo, el Tribunal Superior de lo Contencioso y Civil de Hacienda resolvió en su sentencia del 14 de octubre del 2008, que la Fecundación In Vitro era un mecanismo de reproducción asistida que no estaba prohibida en Costa Rica, en tanto no se incurriera en los vicios señalados por la Sala Constitucional; por lo que ordenó a la autoridad demandada, elaborará un diagnóstico y realizará los exámenes médicos correspondientes a fin de determinar la viabilidad o no para practicar los métodos de reproducción asistida, a la demandante, incluida la Fecundación In Vitro. Asimismo señaló que dicho procedimiento se realizaría respetando los lineamientos dictados por la Sala Constitucional.

La Caja Costarricense apeló dicha sentencia, quedando ésta

radicada en la Sala Primera de la Corte Suprema de Justicia, misma que resolvió anular la sentencia que fuera dictada por el Tribunal Superior de lo Contencioso y Civil de Hacienda, que era el favorable a la actora.

Paralelamente, la Defensoría de los Habitantes recibió denuncia por la señora Espinoza, en contra de la referida Caja de Seguridad Social, por su negativa a realizar tratamientos de fertilidad.

Todos estos hechos constituyen, los antecedentes de lo que fue el litigio convencional de la Fecundación In Vitro, que se llevó a cabo, en la Corte Interamericana de Derechos Humanos.

La Sentencia emitida por la Corte Interamericana, concluye en algunos puntos relevantes que vale la pena citar:

- La decisión de ser o no madre o padre es parte del derecho a la vida privada e incluye ello, la decisión de ser madre o padre en el sentido genético o biológico.

- El derecho a fundar una familia.

- El derecho a la vida privada se relaciona con: i) la autonomía reproductiva, y ii) el acceso a servicios de salud reproductiva, lo cual involucra el derecho de acceder a la tecnología médica necesaria para ejercer ese derecho.

- Los derechos a la vida privada y a la integridad personal se hallan también directa e inmediatamente vinculados con la atención de la salud. La falta de salvaguardas legales para tomar en consideración la salud reproductiva puede resultar en un menoscabo grave del derecho a la autonomía y la libertad reproductiva. Existe por tanto una conexión entre la autonomía personal, la libertad reproductiva y la integridad física y psicológica.

- Los derechos reproductivos abarcan ciertos derechos humanos que ya están reconocidos en las leyes nacionales, en los documentos internacionales sobre derechos humanos y en otros documentos pertinentes de las Naciones Unidas aprobados por consenso. Esos derechos se basan en el reconocimiento del derecho básico de todas las parejas e individuos a decidir libre y responsablemente el número de hijos, el espaciamiento de los nacimientos y el intervalo entre éstos y a disponer de la información y de los medios para ello y el derecho a alcanzar el nivel más elevado de salud sexual y reproductiva.

- El derecho de acceso al más alto y efectivo progreso científico para el ejercicio de la autonomía reproductiva y la posibilidad de formar una familia se deriva el derecho a acceder a los mejores servicios de salud en técnicas de asistencia reproductiva, y, en consecuencia, la prohibición de restricciones desproporcionadas e innecesarias de iure o de facto para ejercer las decisiones reproductivas que correspondan en cada persona.

Partiendo de esta sentencia histórica, repasaremos algunos tópicos que deben tomarse en cuenta, respecto al asunto que nos ocupa.

3.2. Ética

La Ética es una rama de la filosofía, que estudia lo "bueno" y lo "malo"; las virtudes y los vicios. La libertad de todo ser humano, para aplicar sus virtudes a las causas "buenas".

Sin embargo, lo difícil de la ética, es precisamente hacer juicios universales, para definir lo que es "bueno" y lo que es "malo", hay actitudes humanas que se hacen "maliciosamente", con la intención que es algo bueno. Como dice aquel refrán, "No hagas cosas buenas que parezcan malas, ni malas que parezcan buenas". Bajo esa tesitura, tendríamos que preguntarnos, ¿Si son malas las "mentiras piadosas"?, ¿si es malo robar o matar por una causa buena?, ¿si es bueno ocultar la verdad, para no provocar un daño?, ¿si es válido violar la ley, por una causa justa?.

El principal objeto de estudio de la ética, es precisamente la conducta humana, ante determinadas situaciones como las que acabamos de enunciar, quien juzga bajo la balanza de lo bueno y de lo malo, es la ética.

Eso es lo difícil de la ética, aplicar juicios universales a situaciones particulares concretas. No podemos hacer un código de lo bueno y de lo malo, sino que esa decisión, la tiene el hombre para elegir.

Sin embargo, cuando hablamos de ética, se nos viene primero a la mente, la pregunta, ¿de si es lo mismo la ética, que la moral?.

¡Por supuesto que no¡.

La moral es un juicio de valor que impone la sociedad en un espacio y tiempo determinado. Mientras que la ética, es el juicio individual, que hace una persona, sobre una situación en particular.

Que fácil sería, si la ética se redujera a la moral, así la sociedad como buen juzgadora, decidiría, cuales son las conductas "buenas" y "malas"; impondría su decisión, nos resolvería la duda y asunto arreglado; sin embargo, no sucede eso en la ética, donde la libertad de la persona humana, es quien tiene que decidir sobre una determinada situación.

Para poder decidir, es necesario tener libertad. ¿Pero que es la libertad? ¡Hacer lo que uno quiera de manera responsable y no caprichosa¡. La libertad es el principal ingrediente en la decisión de una persona; esta libertad debe ser una manifestación externa y racional del humano, debe ser autoimpuesta, acatada, responsable y no ser producto de un simple capricho. La libertad en pocas palabras, es la actitud que toma una persona, para decidir, "si" o "no"; "lo hago o no lo hago". ¡Eso es la libertad¡.[4]

Más que entender la libertad como un derecho, debemos asimilarla, como una enorme responsabilidad. Hacer uso de ella, debe servirnos, para vivir bien. Digamos entonces, que la ética, es la libertad de la persona humana para vivir bien.

Pero la ética no solamente nos enseña entender la libertad y de asumir responsablemente nuestros actos; la ética es también una actitud del ser humano frente a otros seres humanos; una postura humanista, que nos enseña a ponernos en el lugar de otra persona.

En síntesis, la ética nos enseña lo que el bien y el mal, la libertad, la responsabilidad y sentirnos humanos.

Ya habiendo visto grosso modo, que es la ética; ahora preguntémonos, qué relación tiene esta con la clonación y la inseminación artificial.

Pensemos en el problema de la inseminación artificial éticamente, quizás sólo pensemos formulándonos preguntas, sin querer encontrar respuestas; quizás la concepción que tenga una persona lo sea distinta de la otra, sin embargo trataremos realizar un esfuerzo para llegar a por lo menos, (sin atentar contra la ética), a emitir ciertos juicios de valor.

---

[4] SAVATER, Fernando. Ética para Amador. Editorial Ariel. México 2000. Pág. 50.

Ayudar a una pareja que tenga problemas de esterilidad, a que pueda consumar el acto fecundación y procreación, no es nada malo. De hecho, es trabajo de la ciencia, utilizar la tecnología para el beneficio de la sociedad y de las personas que lo requieran con causa justificada.

Utilizar las técnicas de reproducción asistida a una persona o pareja fértiles, podremos decir, que no estaríamos ante una causa de justificación, sino ante un capricho. Y la ciencia, no puede estar sujeto a los caprichos de las personas, sino que debe servir para solucionar problemas, no satisfacer deseos caprichosos.

Ahora bien, el humano es una persona que debe ejercer su libertad, y asumir responsablemente, los actos que realice en el ejercicio de su libertad. En esa tesitura, el hombre científico tiene la libertad de investigar y perfeccionar las técnicas de reproducción asistida, lo puede hacer como también puede abstenerse de hacerlo. Sin embargo, sea una u otra la determinación a que llegue la ciencia, la tiene que hacer responsablemente.

Un buen parámetro para decidir si la ciencia realice investigación de inseminación artificial, fecundación invitro, clonación; lo es precisamente para solucionar problemas sociales, (de salud o infertilidad principalmente), mismos que deben estar siempre al servicio de la humanidad, y no de los caprichos perversos que pueda tener algunos científicos u humanos que no tengan necesidad de acudir a este tipo de técnicas.

La ciencia y los adelantos y descubrimientos que los científicos hagan de la reproducción asistida, no deben en ningún momento encaminarse a la destrucción de la sociedad.

Por eso, de ahí la importancia de que los hombre de ciencia reflexionen las consecuencias que significaría ejercer estudios científicos y técnicos sobre la reproducción asistida; no es una decisión fácil, se necesita de mucha ética.

Pero además no debemos olvidar que la ética, es humanismo puro; que nos hace sentir humanos y ponernos en el lugar de otro. Siguiendo ese mismo orden de ideas, ¿podemos tratar como humano a un feto?, ¡peor aún¡...¿podemos tratar como humano a un embrión o un gameto?. Peor y abominable es sólo el hecho de pensarlo, ¿podemos tratar como humano a una clonación mutuada genéticamente, en el nombre de la ciencia, es decir un ser humano sin cabeza pero que nos sirva como campo de cultivo de órganos?.

Esa es una de las preguntas, a las cuales se nos es difícil

responder, pero no es la única, existen otras.

¿Puede el hombre de ciencia, utilizar la ciencia y la tecnología, al grado de endiosarse, es decir, de igualarse a Dios? La ética nos enseña a sentirnos humanos, no dioses. El estudio de Dios le corresponde a la teología, sin embargo, eso quizás sea objeto de otro debate que aquí no pensamos ventilar ni resolver.

Otra pregunta más, ¿tiene autoridad moral el humano, para decidir qué esperma es el que debe de fecundar?, ¿cuales gametos y embriones son los que deben congelarse?.

Sabemos bien que el humano es el único animal en el planeta, capaz de modificar su entorno ambiental a su conveniencia, y en algunos casos, hacía su propia destrucción.

Que importa pensar si a un esperma lo tratamos como humano o como cosa, pero reflexionemos que efecto nos daría pensar que en reproducción natural, el mejor esperma es el que llega a fecundar el óvulo; que en cambio en la reproducción asistida, no suele suceder así, que no es cuestión de actitud, sino de suerte. Que la mano del hombre pueda elegir no al mejor esperma de entre los millones de espermas que existen, sino que simplemente eligen a uno más de entre tantos millones.

Pensemos éticamente, que es preferible, obtener un premio por esfuerzo, por ser el mejor, el más apto, el más fuerte; o bien, obtener un premio por pura suerte. Que será mejor en términos "científicos humanísticos", si éticamente, cada uno de nosotros nos sintiéramos espermas; lograr fecundar el óvulo y con ello lograrla vida humana, por el hecho de ser el mejor esperma, o por ganar un sorteo.

Esas preguntas sin respuesta y de difícil solución, le corresponde a la ética estudiarlos. ¡Mientras tanto, esperemos¡

3. 3. Religión

La religión, puede definirse de diferentes maneras. Sin embargo, para poder emitir un concepto de religión, trataremos excluir de nuestro concepto, cualquier postura sociológica, política, teológica e inclusive doctrinaria de alguna religión o secta religiosa.

La religión, intentaremos describirla, desde el ámbito de lo religioso, como una corporación con principios doctrinarios, que se encuentra organizada en una estructura jerárquica, sustentada en miembros activos o no. En consecuencia podríamos decir que la religión es el conjunto de deberes que tiene el hombre con Dios, de manera más explícita, es el conjunto de deberes que resultan al hombre de sus relaciones con Dios y cuya difusión y vigilancia de esos deberes que tiene el hombre con Dios, son los representantes de la divinidad de la tierra, representados en una persona física.

Sin embargo, hablaremos en éste apartado de la religión que más predomina en la sociedad mexicana, que es sin duda alguna, la doctrina católica.

La Religión Católica sirve para conocer a Dios, una divinidad que siempre es justa, bondadosa, misericordiosa. Un espíritu eterno que no tuvo principio ni tendrá fin, infinitamente sabio, santo, poderoso, inteligente, que no puede estar equivocado, ni puede engañarnos. Una divinidad que ha amado al hombre sobre todas las cosas y en el cual, existen tres personas distintas, lo que suelen llamarle "La Santísima Trinidad", ("Dios Padre", "Dios Hijo" y "Dios Espíritu Santo").

La doctrina católica, no sólo nos enseña conocer a Dios, sino que también nos impone el deber de amar a Dios. Y la única manera de amar a esa supremacía, es no ofendiéndolo. Ofender a Dios, es pecar.

Para no ofender a Dios, los humanos tienen que hacer caso a su conciencia, que nos indica como hacer el bien y evitar el mal. Obrar en contra de la conciencia sería ofender a Dios (pecar), ir en contra de las reglas que ha establecido, que son los mandamientos de la Ley de Dios.

Los mandamientos de Dios, fueron expuestos mediante el decálogo de Moises, en el éxodo hebreo; años después, el "Dios Hijo" los resumió en sólo dos; "Amar a Dios sobre todas las cosas y amar al prójimo como a uno mismo"; Jesus cristo, quien representa al "Dios Hijo", funda la Iglesia Católica, quien a su vez, emite otros cinco mandamientos. En conclusión, amar a Dios es obedecer los mandamientos de Dios y de su Iglesia.

La religión no sólo pide no pecar, sino también servir a Dios para agradarle. Esto consiste en hacer obras buenas por amor suyo en su honor. De esta manera la doctrina católica nos hablá de las obras malas que ofenden a Dios, de las obras indiferentes que son nuestros hábitos diarios como vestirnos, lavarnos, andar en la calle, pudiendo ser estas obras indiferentes, ser ofrecidas a Dios, con la intención de agradarlo.

Pero las obras que más nos interesan son las buenas obras, que por si mismas honran a Dios, que aprovechan a quien las hace o al prójimo. Las obras buenas realizadas con la intención de agradar a Dios, aumentan mucho su valor, y generan que Dios nos recompense.

La recompensa que Dios hace al hombre que realiza obras buenas, son los "estados de gracia". Y estos los proporciona la Iglesia católica mediante los sacramentos.

Los sacramentos de la Iglesia católica son el bautizo, la confirmación, la comunión, la confesión, el matrimonio, la eucaristía y el sacerdocio, éste último en algunos casos.

Habiendo expuesto resumidamente, los principios básicos en los que se sustenta la doctrina católica, nuestra pregunta sería, ¿cual es la postura que mantiene la Iglesia Católica, respecto a la inseminación artificial?.

Definitivamente, la iglesia católica, considera que la inseminación artificial, es una obra mala que ofende a Dios. Prueba de ello, es lo manifestado por el máximo jerarca de la Iglesia Católica S.S. Juan Pablo II quien en Encíclica Evangelium Vitae, (Evangelio de la Vida) trata éste asunto con el número 14, donde se considera estas técnicas de reproducción, como "atentados en contra de la vida".

En un ensayo de la doctrina católica, intitulado "Inseminación Artificial y Clonación" elaborado por el Jerarca Pedro Herrasti S.M, reproducimos textualmente, una visión del presente tema, desde el punto de vista de la doctrina católica, dada su importancia en la presente tesina, nos permitimos reproducirla:

"Más allá del hecho de que moralmente inaceptables desde el momento en que se separan la procreación del contexto integralmente humano del acto conyugal, estas técnica registran altos porcentajes de fracaso; este afecta no tanto a la fecundación, como al desarrollo posterior del embrión, expuesto al riesgo de muerte por lo general en brevísimo tiempo".

"Además se reproducen con frecuencia embriones en número superior al necesario para su implantación en el seno de la mujer, y estos así llamados, "embriones supernumerarios" son posteriormente suprimidos o utilizados para investigaciones que, bajo pretexto de progreso científico o médico, reducen en realidad la vida humana a simple "material biológico" del que se puede disponer libremente.

El Plan de Dios, es que un niño nazca de la unión espiritual y corporal de sus padres; esto es le dá una identidad, modelos de conducta, pertenece a tal o cual familia, sabe de sus abuelos, tíos, primos, de qué raza es, de que país, etc. Lo cual es vital para todo ser humano y esto se ha visto totalmente alterado por los experimentos que desde hace años han permitido lo que llamamos inseminación artificial.

Puede transplantarse un embrión, fertilizante un óvulo con cualquier esperma y puede ser congelado, por lo que los primeros días de la existencia de éste ser humano, los pasa en un laboratorio esperando a que otros decidan su destino.

Desde el punto d vista católico y trascendente, es aterrados pensar cuantos experimentos han fracasado y fracasarán y que pasa con esas almas., pues ellas existen desde el momento de la fecundación del óvulo.

De la fertilización de un óvulo en el laboratorio, puede suceder que el niño tenga cinco padres: la donadora del óvulo, el del esperma, la madre sustituta, y la pareja que lo encargó. La fotografía familiar será muy interesante.

El potencial emocional que esto puede originar pon en grandes dificultades a muchas clínicas de fertilidad y ha habido legistas que proponen a muchas de ellas, tener a disposición de las parejas que quieren emplear la inseminación artificial, consejeros, psiquiatras, médicos, abogados, etc, que les hagan comprender las responsabilidades de traer un niño al mundo en esas condiciones.

Ha sido difícil hacer un estudio serio acerca de las consecuencias que estos métodos tienen para los niños y adolescentes, pues los "padres" ocultan a su hijo que fue un "experimento" y no dejan los investigadores campo de observación.

Las nuevas tecnologías de reproducción son rebasadas por lo problemas que ocasiona, pues la realidad sobrepasa por mucho a la ficción en innumerables ocasiones, pero en el asunto en que nos ocupa, todo lo que puede imaginarse no es nada, en relación con los caso que se presentan, veamos algunos:

Desde luego no se ha podido aclarar la relación que hay entre el padre biológico y la madre sustituta.

Un esposo permite que su esposa sea inseminada con el esperma del otro; la convence de que aborte y después de pensarlo bien cuatro años después encarga otro bebé por los mismos métodos.

Un estudiante de medicina dio esperma para treinta y tres niños en una población relativamente pequeña y hubo necesidad de impedir una boda por resultar hermanos los novios.

Una señora permite que le sea extraído un embrión para transplantarlo para otro utero adquirado, para evitarse las molestias del embarazo y porque, además, tiene una carrera muy exitosa.

Se fecunda dos óvulos gemelos, uno es colocado en la madre que lo encargó y el otro quedará congelado por dieciocho meses hasta que alguna otra madre lo pida, así pues son gemelos con dieciocho meses de diferencia.

Una pareja encarga un bebé y a la mitad del embarazo de la sustituta se divorcia y la obligan a abortar.

El choque emocional de un niño normal al enfrentarse al divorcio de sus padres, es menor al compararlo con el niño "experimento" que encima de todo se entera que su padre no es su padre, que su madre no es su madre o no lo llevó en su seno, y no son pocos los casos en que cuando el niño llega a los dieciocho años, se lance a las clínicas de fertilidad en busca de sus padres biológicos para ver si alguien puede amarlo y preguntar que tenían en mente, cuanto tomaron una decisión que lo hace desdichado."[5]

De lo antes transcrito, se puede resumir que las objeciones que la iglesia Católica ha hecho de la inseminación artificial, además de ofender a Dios, es denigrar el acto de la procreación, que atenta contra el alma de los embriones, devalúa la persona humana a un simple "material biológico", y que dada sus relaciones sociales, podría generar actitudes calificadas como inmorales, sin olvidar tampoco los problemas jurídicos y de salud pública que pudieran generar.

Pero no solamente es esa la postura de la religión católica que frente al problema, lo es también desde el problema que significa el alma.

Para la religión desde la fecundación existe persona humana. Por consiguiente, el preembriónes, embriones y fetos son personas humanas. Cualquier expresión lingüística que puede hacernos la

---

[5] HERRASTI, Alicia y R.P. Pedro Herrasti S.M. Inseminación Artificial y Clonación. 2° Ed. Folleto EVC 619. Pág. 2

ciencia y la religión, tiene un fuerte contenido ideológico, no es lo mismo en el caso del aborto decir, "la interrupción del producto en cualquier momento de la concepción", a decir, "el homicidio premeditado, con alevosía y ventaja, en contra de un ser humano indefenso".

Siguiendo en ese mismo orden de ideas, la ciencia puede decir que la criogenía de un embrión, es algo natural, mientras que para la religión, es pensar en la soberbia del hombre, en congelar a un ser humano con alma.

La religión en términos abstractos, o mejor dicho la teología, se inmiscuye en mucho con la ética. Que importante es para el derecho que ambas ramas del conocimiento humano se definan y tomen una postura, porque entonces sabrán los juristas si deshacerse de algún esperma, gameto, o un preembrión, se estaría incurriendo en homicidio.

Más repugnante para nuestra pequeña conciencia, quizás poca religiosa y desconocedora de la ética, remitirnos aquel pasaje de la novela de Aldous Huxley "Un Mundo feliz", en el Centro de Incubación y Acondicionamiento de la Central de Londres", en una sociedad imaginaria donde la reproducción humana natural es cosa de animales vivíparos y de lo que alguna vez se llamo familia, donde el mundo se encuentra planificado con cada embrión predestinado, donde los futuros embriones se encuentran identificados en clases "alfa", "beta", "gama", de acuerdo a las necesidades del mundo, y que ciertos embriones los educan en condiciones adversas o privilegiadas para desempeñar ciertos roles en el futuro, para prepararlos obedientemente en una sociedad "feliz".[6]

Podemos quizás estar en contra de la institución que representa la Iglesia, objetar la existencia de Dios y la religión, pero si algo debemos reconocer, es que la religión, subsana aquellos espacios que la ética corresponde cubrir. Es más fácil, que los seres humanos aprendan intuir la ética por medio de la religión, que acercarse al conocimiento de la ética, por lo que el papel que desempeña la religión en este problema, es de vital importancia.

Para la ética, el hombre vive en libertad y debe ser responsable de sus actos; en cambio para la religión, el hombre debe obedecer a Dios y no ofenderlo, permitir la reproducción asistida, es para la Iglesia Católica un pecado ¡No se hable más¡.

[6] CFR. HUXLEY, Aldous. Un Mundo Feliz. Ediciones Leyenda

3. 4. Política

Existen varias formas de definir la política, según sea la ideología y la forma de asimilar la política.

Por nuestra parte, seremos partidarios de que la política es el arte de gobernar, de utilizar el poder público, en beneficio de la colectividad. La política vista como un producto social derivada de la actividad humana, destinada a la prevención y solución de conflictos.

La política existe dentro de la sociedad; misma que se rige no por leyes naturales, sino por leyes e instituciones inventadas por los hombres, destinadas a personas quienes se encargan de mandar y otras de obedecer. Por personas que además de encontrarse identificados de pertenecer a un determinado grupo social o político, deciden participar en los asuntos políticos de una comunidad.

Digamos pues, que la política no es más que el conjunto de las razones para obedecer y de las razones para no obedecer, es decir, para sublevarse.[7]

Entre los fines de la política, esta el de vivir en una sociedad sin conflictos, donde todos puedan vivir de acuerdo. Sin embargo esto es difícil de conseguir, esto nos hace pensar ¿si pueden las sociedades humanas vivir sin conflictos?.

Los hombres que se encargan de mandar, hacen política porque buscan el bien común para todos. Pero aquí nos encontramos con una duda, ¿qué debo entender por bien común?.

Dentro de la política existen dos corrientes ideológicas, una que supone que el bien común es para el individuo, y otra que se opone al individualismo, presumiendo que el bien común es para todos.

Pero aparte nos encontramos también con otra duda. ¿Quién es el dueño de la verdad absoluta, para decir lo que nos conviene a todos?.

La respuesta a esta pregunta nos remite desde luego, al sentido puro de la democracia. No solamente la decisión de la voluntad mayoritaria, sino también el respeto a la minoría. El dialogo y la

---

[7] CFR. SALVATER, Fernando. Política para Amador. Editorial Ariel. Pág. 41

tolerancia entre todos los sujetos participantes de una sociedad, para la obtención del consenso.

Ya habiendo expuesto resumidamente, que es la política, ahora veamos que relación tiene esta con la reproducción asistida.

Dentro de los integrantes de la comunidad, existen familias con problemas de esterilidad, madres solteras, mujeres profesionistas, niños abandonados o de la calle; sin omitir desde luego una profunda desigualdad social.

Existen varios tipos de comunidad, cada una de ellas producto de sus circunstancias políticas, económicas y sociales. No podemos comparar las comunidades europeas con las latinoamericanas, las primeras se desarrollan en sistemas económicos de "primer mundo", con estabilidad política, con problemas históricos como el de vivir guerras mundiales o civiles, así como con una población predominantemente adulta; mientras que el segundo tipo de comunidades son países "subdesarrollados", con pobreza extrema, sin problemas de guerra, con estabilidad o inestabilidad política, con población predominantemente joven.

El buen político tiene que aprender a diferenciar en que tipo de comunidad vive, pues las forma de hacer política y encontrar el bien común en un lugar, no es el mismo que en otro.

Hablando propiamente de nuestro país (México), debemos tomar en cuenta cuales son los problemas que se deben prevenir o solucionar, en relación con las técnicas de reproducción asistida..

La primera apreciación que se tiene, es que el problema de esterilidad que existe en nuestra Nación, no es el mismo que puede existir en Europa. De ahí que la hipótesis de pensar en reglamentar la inseminación artificial para solucionar los conflictos de esterilidad, queda reducido su argumento, al no tratarse de un asunto prioritario y de interés social.

Razón quizás suficiente, para suponer que por eso no se ha legislado en México sobre éste asunto, a diferencia de los europeos, que abordaron y discutieron el tema, hace más de veinte años.

Por otra parte, ¿que razones o motivos tenemos para obedecer una futura reglamentación en la reproducción asistida, o bien, porque debemos rebelarnos a que la misma no se reglamente?.

En esta respuesta debemos participar todos aquellos que

tengamos interés en la discusión. De lo contrario entraríamos a una discusión que nos llevaría a una serie de conflictos, por no plantear correctamente lo que como miembros de una comunidad, queremos hacer.

Debemos partir del principio, de cualquiera que fuera la respuesta a la pregunta anterior, la misma debe estar sustentada por el bien de la comunidad.

Esto no significa que la voluntad mayoritaria de los que están a favor de una determinada postura, se imponga a la minoría que se encuentra en contra o a favor de otra postura.

A nadie se le puede prohibir que haga uso de estas técnicas, sólo porque la mayoría así lo decidió; o bien en sentido inverso, no se le puede imponer a todos forzosamente la reproducción asistida, con el argumento de que es el bien de todos.

De llegar a la segunda solución, nos llevaría sin duda alguna, a la terrible profecía de Aldous Huxley "Un Mundo Feliz" ; mientras que todo aparenta, que la primera solución, parece la más razonable.

Sin embargo, ¿cuáles serían las causas y motivos que como sociedad tendríamos, para permitir la reproducción humana asistida?. Quién sería el dueño de la verdad absoluta, para exigir de una vez por todas, que la materia sea reglamentada debidamente?: ¿los sacerdotes?, ¿los filósofos, ¿los científicos?....¿los abogados?. ..¡Quien¡.

Democráticamente, tendrían que intervenir en la discusión los religiosos con su opinión del alma, de los pecados, así como de los deberes del hombre con Dios; con los filósofos, por lo que se refiere a la moral, a la ética, a la libertad y responsabilidad del hombre; con los científicos que propugnan por no impedir ni limitar el avance de la ciencia. Sin omitir desde luego, las opiniones de las relaciones de pareja no matrimoniales, tales como las mujeres solteras o profesionistas que desean procrear pero no embarazarse, o de las parejas lesbico-geys,

Es un tema que sin duda alguna, necesita de mucha tolerancia, dialogo y consenso, para poder ser solucionado y reglamentado mediante los juristas.

Lo que si no puede ser, es que el mismo se reglamente por demagogia política. Por el simple capricho de los políticos, incurriendo con ello en valores antidemocráticos, en perjuicio de todos.

Nadie ha puesto en duda que el problema se reglamente, quizás para prohibirlo o bien para permitir la existencia de dichas técnicas, con determinadas restricciones y prohibiciones.

Lo que no puede hacerse reiterando nuevamente, es que por demagogia política, se reglamente deficientemente, dejando en el futuro, más que una solución a un conflicto social, el agravamiento del mismo.

Asì las cosas, dentro de este contexto polìtio y su relaciòn con el derecho, el tema político del derecho a la procreaciòn, tiene dos ópticas distintas, la primera de ellas, como un tema de salud pùblico o bien, como un derecho a la procreación, entendiendo dentro de este concepto, los llamados derechos sexuales y reproductivos.

En conclusión, podemos finalizar diciendo que la política interviene en este tema, porque será la mediadora entre los filósofos, religiosos, científicos, familias y mujeres, por lo que se refiere a la discusión de permitir la reproducción humana asistida; cualquier solución que encontraren los políticos, debe ser producto de la democracia pura y no de la demagogia; atendiendo desde luego, a una necesidad y al reconocimiento de los derechos humanos.

3. 5. Derecho

Resulta difícil definir el Derecho, aún ni los mismos juristas, han podido encontrar una definición exacta de lo que es esta rama del conocimiento.

No queremos repetir la clásica definición formalista, que nos dice que el Derecho es el conjunto de normas jurídicas imperativas atributivas, que prescribe la conducta humana.

Tampoco podemos omitir que el derecho tiene algo de dogma, lenguaje, divinidad, psicología; y que es desde luego, un producto de la historia, la política, la economía y la sociología.

Lo que si bien podemos aseverar, es que cuando los filósofos, religiosos y políticos, se pongan de acuerdo acerca de la postura de la reproducción humana asistida, entonces, los juristas podrán establecer algunos principios y reglas, que ordenen jurídicamente, la licitud de la conducta humana; estableciendo expresamente permisiones y prohibiciones sobre esta materia, a efecto de no dejar en lo posible, laguna alguna que agrave el problema, más de lo que significa.

Desarrollando éste tema, es necesario en la medida de lo posible, hacer un esfuerzo para estructurar mediante órganos o "entes" jurídicos, cada una de las personas, cosas o relaciones jurídicas que intervienen en el proceso de reproducción humana asistida.

No puede pasar desapercibido, el esfuerzo realizado por el legislador del Estado de Tabasco, quien en el artículo 380 del Código Civil, define la reproducción asistida, como " ... el conjunto de prácticas clínicas y biológicas para la creación de un nuevo ser humano, logrado mediante técnicas científicamente acreditadas y autorizadas por la legislación en materia de salud, realizadas con la intervención de personal de la salud, constituidas por métodos de fertilización de células germinales, gametos de uno o ambos sexos, además de la reproducción de cigotos y embriones, que permitan la procreación fuera del proceso biológico natural de la pareja infértil o estéril".

3. 5. 1. *Elementos personales y reales de la reproducción asistida*

Como elementos personales de la reproducción humana asistida, tendríamos en primer lugar a la pareja de hombre o mujer. Pueden ser una pareja unida en matrimonio o en concubinato, e inclusive puede darse el caso, de que ninguna de las dos partes se lleguen a conocer. Puede darse también el caso de la aparición de "terceras personas", uno que aporta el "material biológico" y la otra, preste su matriz. Este tipo de relaciones, tendrían que ser regulados tanto por el derecho familiar, como por el derecho público.

Como otro segundo elemento (real), tendríamos el esperma y el óvulo, la principal fuente de energía, que permite en términos científicos, la procreación de un ser humano. El esperma es la célula que secretan los testículos del hombre, como lo son los óvulos en los ovarios de la mujer. Éste "material genético", (esperma y óvulo), que en lo sucesivo llamaremos "gametos", es el requisito indispensable para la creación de un ser humano. Cuando se unen los dos gametos, se forma una célula fecundada, también conocido como cigolo, o "concepción".

Asimismo el artículo 380 Bis del Código Civil del Estado de Tabasco, describe los elementos personales y reales de la inseminación artificial, al decir: "Se permite a los cónyuges o concubinos la inseminación o fecundación homóloga y heteróloga. Se entiende por fecundación homóloga aquella en la que los gametos son aportados por ambos cónyuges o concubinos; y por fecundación heteróloga, aquella en que uno de los gametos es donado por un tercero y el otro gameto es aportado por uno de los cónyuges o concubinos. Sólo será válido el consentimiento expresado en vida por algún cónyuge o por algún concubino, con las formalidades que este Código exige, para los efectos de que sus gametos puedan ser utilizados después de su muerte en un procedimiento de inseminación".

De tal manera, que podemos hacer una distinciòn. El derecho a procrear es un derecho humano de carácter personal, en el cual, previo consentimiento - aspecto contractual - cada parte aporta una "cosa", es decir, un gameto, que no es lo mismo que decir persona.

De tal manera que los elementos personales de la procreaciòn lo integran las personas que intervienen en el proceso de reproducciòn humana asistida; mientras que los elementos reales, lo constituye el material genético - gametos - con el que se logra esa reproducciòn.

3. 5. 2. *Naturaleza jurídica de los elementos reales de la reproducción asistida*

Sobre este hecho, al Derecho le corresponde, definir a partir de que momento, puede esa célula fecundada, si es antes o después de su concepción, ser sujeto de la tutela legal.

La discusión de la existencia del gameto, preembrión y embrión, no se limita ahí nada más, sino que también va más allá, definir de qué forma podemos tratar a un esperma o a un óvulo, si como "cosas" o "personas".

Esto es realmente importante, porque desde un punto de vista clásico, la relación jurídica que puede existir entre una persona y una cosa, vendría siendo un derecho real, donde los titulares del esperma o del óvulo, pueden hacer con ello, lo que quieran, inclusive, hasta destruir la "cosa".

Pero si la relación jurídica es vista desde un punto de vista de derecho personal, ¿que derechos y obligaciones tendría las personas que secreten sus espermas y óvulos, con estos mismos?. ¿tendría derechos los gametos?, ¿Quién sería el representante legal de un esperma o un óvulo?, sin ánimo de comicidad alguna, ¿la destrucción de un esperma, sería espermaticidio?.

Por principio de congruencia, estamos totalmente seguros, que el hombre y mujer que secreten sus gametos, no tendrían derechos reales ni personales, con sus espermas u óvulos. ¿Pero entonces, que tipo de relaciones jurídicas podrían regularse?.

3. 5. 3. Naturaleza jurídica del "donante" del material genético

El "material genético", o gametos, puede ser aportado tanto por el hombre o mujer fértil que tiene interés en la procreación de un ser humano, o bien, puede ser el mismo aportado por un "donante".

La aparición de esta persona, llamada "donante", impone al legislador, la carga de regular, los derechos y obligaciones de esta persona.

Cuando en una pareja es infertil o uno de ellos és, se necesita la "colaboración" de una tercera persona que aporte el gameto necesario, para la fecundación. Esa tercera persona, sería el "donante" y entregaría su gameto, para contribuir en la reproducción asistida.

La aparición del "donante" genera un conflicto de paternidad biológica y formal, entre el padre o la madre biológica portadora del gameto, y el padre o madre quien reciba ese parentesco formal y socialmente.

Es decir, X persona no puede tener a Y hijo. Aparece un donador Z quien aporta el gameto para que Y pueda concebirse. La fecundación y la gestación de Y se da exitosamente, Y es hijo de X porque así lo reconoce el Derecho Familiar. ¿Podría el legislador otorgar derechos y obligaciones a Z respecto a Y?, ¿podríamos adjudicar un parentesco de paternidad entre Z y Y?, ¿De que forma podrían resolverse los conflictos entre X y Z?.

¿Podría regularse la relación jurídica del "donante" y el gameto "donado", como si se tratare de un contrato de donación?.

31

3. 5. 4. Regulación de las clínicas de reproducción asistida

Esto tendría que regularse por un tipo de normas jurídicas diferentes al derecho privado, toda vez que al tratarse de un asunto de interés público, obliga al legislador, la necesidad de establecer o de instituir la aparición de una tercera persona o corporación pública (de salud), encargada de velar porque las normas que regularice la reproducción asistida sea vigilada y cumplida eficazmente.

Esto con llevaría, a considerar la inseminación artificial o la fecundación in vitro como una vía para la procreación, además de un derecho de la familia o de las mujeres; quedando a cargo del Estado por conducto de las instituciones públicas a las que hicimos referencia, monopolicen el servicio público de inseminación artificial. ¿o bien, puede permitirse que el servicio sea proporcionado por los particulares, de manera libre o restringida?.

El Derecho tendría que regularizar las relaciones jurídicas entre las parejas o mujeres infértiles, los "donantes" y las instituciones médicas especializadas en la reproducción asistida. Pero regularizar este tipo de relaciones jurídicas, se verían influenciadas por el poder económico de los solicitantes del servicio.

Si el servicio de reproducción humana asistida, es proporcionado por una institución médica privada, el costo del mismo, lo haría inaccesible para miles de familias o mujeres.

En cambio, si el servicio lo proporciona una institución pública, está impondría criterios "socioeconómicos", para beneficiar o negar el servicio a los solicitantes. La línea política del Estado recordaría las ideas del prolefóbico Roberth Malthus, que decía que únicamente los ricos pueden engendrar a sus hijos, los pobres no.

De aquí la necesidad deontológica del Derecho, de legislar bajo un criterio de justicia y equidad, que garantice a los solicitantes de servicio, igualdad de oportunidades en el acceso del servicio, sin prejuzgar su situación económica, ni mucho menos, vulnerando sus más elementales derechos humanos, como lo es el de procreación.

3. 5. 5. ¿Existe un derecho a la procreación?.

Uno de los problemas, que enfrenta la Filosofía del Derecho, es determinar si existe un derecho a la procreación.

Para eso, algunos doctrinarios sostienen que la mujer tiene un derecho fundamental a procrear, que se trata de un derecho humano tan importante, como lo es el derecho a la vida y a la libertad. Lo que lo convierte para algunos otros doctrinarios, en un derecho de la personalidad.[8]

---

[8] El principal problema que tenemos con los derechos de a personalidad, es definir la naturaleza jurídica de los mismos. Si son derechos naturalistas, derechos positivistas, si se tratan de derechos meramente objetivos o subjetivos.

Si partimos del supuesto que son derechos inherentes a la persona humana, entonces eso significaría que nacieron desde antes de que el legislador decidiera regularlos, por lo tanto, estos derechos estaban ya desde antes. Nadie pondría en duda que la vida, la libertad, la honra, son valores morales que han existido desde antes y que toda persona no necesariamente debe esperar o saber que exista un orden jurídico que proteja tales virtudes para saberlos defender ante cualquier ataque de tercera persona.

La falta de una regulación normativa de los derechos de la personalidad, produjo sin duda alguna, varias injusticias, al no existir en el orden jurídico formalista, los preceptos normativos que regulará

Por otra parte, si los derechos de la personalidad son derechos objetivos o subjetivos debemos tomar en cuenta lo siguiente.

Existen tendencias dentro de la Teoría General del Derecho que niegan la existencia de los derechos subjetivos, por lo tanto al no existir derechos subjetivos, estas corrientes no pueden ni siquiera concebir la existencia de los derechos de la personalidad.

Por otra parte, algunos civilistas únicamente consideran como derechos subjetivos aquellos en los cuales exista un interés patrimonial y de tal forma, que como la vida, los sentimientos, la honra, la moral, la integridad física, no pueden ser susceptibles de valoración pecuniaria, entonces, estos juristas niegan tajantemente la existencia de los derechos de a personalidad.

Los derechos de la personalidad son derechos que nacen y se extinguen con la persona; son verdaderos derechos subjetivos, aún de carácter patrimonial, que no pueden ser objeto de transferencia o renuncia.

Es indiscutible que frente a cierta categoría de bienes personales, como son la vida, la integridad física, el honor, el nombre, la libertad física, se ha producido

Sin embargo, resulta que en las Declaraciones de Derechos Humanos no se encuentra una formulación explícita sobre el derecho a la procreación. A lo más que llegan tanto la Declaración Universal de los Derechos Humanos de 1948 como en el pacto Internacional de Derechos Civiles y Políticos, en sus artículos 16.1 y 23 apartado 2° respectivamente, es establecer el derecho a fundar una familia, más no a procrear.[9]

Sin embargo, han sido los criterios jurisprudenciales de algunos tribunales del mundo, que han reconocido la existencia del derecho la procreaciòn. De tal manera, que el derecho a la reproducción asistida, es un derecho humano, que deriva de la dignidad y de la personalidad de los individuos.

Asì pues, las personas tienen derecho a decidir en sentido positivo o negativo sobre su reproducción. Es decir, pueden tomar partido respecto a su propio cuerpo, para decidir de manera libre, sobre la aplicación de medidas de anticoncepción o contracepción, tratamientos seguros para fertilidad, infertilidad, información actualizada sobre medicamentos, tecnologías y tratamientos médicos, en función de la procreación, incluyendo las técnicas procreación asistida en cualquiera de sus variantes.

La titularidad de este derecho, no distingue, o no debe distinguir, entre sexos, géneros, razas o aptitudes de cualquier naturaleza. No vale discriminación de ningún tipo; debe reconocerse a todos por igual.[10]

---

una dispersión jurídica que tutela tales derechos, confiriendo por lo tanto derechos subjetivos a las personas.

Estos derechos subjetivos implican un deber jurídico a todos los integrantes de una comunidad, a efecto de hacer posible el respeto de los mismos, así como abstenerse de lesionar tales bienes tutelados por la ley. (Nota del Autor).

[9] CFR. GÓMEZ DE LA TORRE VARGAS, Maricruz. La Fecundación In Vitro y la Filiación. Editorial Jurídica de Chile. Santiago de Chile 1993. Pág. 41

[10] CFR. VALDEZ DIAZ, Caridad del Carmen. El acceso a algunas tècnicas de reproducciòn humana asistida: "Crónica de una vida anunciada". Revista Ius, Vol 11. Nª 39. Puebla ene/Jun 2017. http://www.scielo.org.mx/scielo.php?script=sci_arttext&pid=S1870-21472017000100003 Consultado el 25 de diciembre del 2019.

Esto genera fuertes discusiones, al generarse un debate, sobre el conflicto y conciliación de derechos, entre la madre o pareja de querer procrear para tener descendientes, con los derechos de los hijos a venir al mundo.

Por su parte la Constitución Política de los Estados Unidos Mexicanos establece en su artículo cuarto que "Toda persona tiene derecho a decidir de manera libre, responsable e informada sobre el número y el espaciamiento de sus hijos".

Consideramos que la Constitución sí establece claramente ese derecho a la procreación, mientras que por otro lado, en los Tratados Internacionales sobre Derechos Humanos, si bien es cierto no dispone expresamente ese derecho, se entiende por implícitamente puesto, dentro del derecho a fundar una familia.

IV.   CLASIFICACIÓN CIENTÍFICA

Respecto a la reproducción asistida, expondremos los distintos medios que existen, que son la inseminación artificial, la fecundación in vitro y la clonación. Debiendo tomar en cuenta que la similitud de cada uno de estos medios de reproducción, consiste precisamente, en la ausencia del acto sexual coito.

Al respecto es necesario también señalar, la confusión que existe entre los términos "inseminación" y fecundación", mismos que se llegan a manejar sin excesiva propiedad y casi confundiéndolas como sinónimos, "cabría decir que a primera alude a un proceso que será la causa o desembocará en la segunda; o sea se insemina para fecundar, de ahí que sean los modos de inseminar o de fecundar".[11]

El artículo 238 clasifica las técnicas de reproducción asistida en tres modalidades: I. Transferencia intratubaria de cigoto o transferencia tubárica de embriones, consistente en la colocación de los embriones en la matriz de la mujer, utilizando material quirúrgico; II. Fertilización in vitro, método en el que los espermatozoides previamente preparados y seleccionados son depositados en una caja de vidrio que contiene un medio de cultivo

---

[11] MARTÍNEZ – CALCERRADA, Luis. Op. Cit.. Pág. 32.

especial, y III. Fertilización ICSI, ésta se utiliza cuando los espermatozoides son muy pocos, o su capacidad de fertilización está disminuida.

4. 1 Inseminación artificial

La inseminación artificial es la técnica de introducir el esperma del macho, en la vagina de la hembra. Lográndose la fecundación dentro del vientre materno.

Realmente no es una técnica tan moderna como se imagina. Esta técnica se utilizó primero desde hace siglos en plantas, después en animales y finalmente en humanos.

Existen antecedentes de seres humanos nacidos mediante esta técnica, tal como los ocurridos en 1462 y 1799, mediante los cuales se tiene antecedentes, en el primero de los casos, de la inseminación artificial de Juana de Portugal esposa de Enrique IV de Castilla; y el segundo de los casos, el practicado por el médico escocés John Nunter.[12]

4. 2. Fecundación in Vitro (en cristal)

Este método aparece en la decada de los años 70. Esta técnica aparece como remedio en los casos en que la mujer presenta una lesión irreparable de las trompas que impide el transporte de los gametos.

En 1978 se logra en Gran Bretaña, la primera fecundación de un ser humano fuera del vientre humano. Excluyéndose con ello el acto sexual, lográndose la concepción del esperma y el óvulo en una placa de laboratorio.

Para lograr la fecundación in vitro, (también conocida como fecundación extra corpórea), se necesita por lo menos:

---

[12] CFR. GUTIÉRREZ Y GONZÁLEZ, Ernesto. Op. Cit. Pág. 255

a) Disponer del semen de un hombre, recogido previamente por masturbación.

b) Poseer uno o más óvulos de una mujer, recogidos por un procedimiento técnico en un centro sanitario adecuado,

c) Poner en contacto el semen con el óvulo u óvulos en una placa de cultivo esperado que la fecundación in vitro se produzca.

Estas técnicas evolucionarón hasta conseguir la maternidad por sustitución o subrogada y la fecundación posmortem.

Los avances tecnológicos permiten también, manipular los gametos óvulos y espermas, al grado no solamente de definir su sexo, sino también el modificar su fenotipo e información genética

4. 3. Maternidad Sustituta

La subrogación es un término utilizado en el derecho de las obligaciones. Se dice que la subrogación real es cuando se sustituye bienes por otros bienes; mientras que la subrogación personal, es la sustitución de personas (especialmente del acreedor).[13]

En ese orden de ideas, llamemos maternidad subrogada, cuando la gestación del feto, se realiza por una tercera persona (hembra) quien presta su matriz, derivado de un contrato.

Así tenemos el caso, de dos maternidades. La madre biológica quien presta el óvulo y la madre sustituta, quien aporta la matriz y los nueve meses de gestación.[14]

Esto puede complicarse aún más, cuando el óvulo es proporcionado por una "donante" y no precisamente por la "madre

---

[13] BEJÁRANO SÁNCHEZ, Manuel. Derecho de las Obligaciones. 3° Ed. Editorial Harla.. Pág. 429.

[14] No olvidemos que la célula se compone de tres partes, núcleo, membrana y citoplasma; la parte de la célula más importante es el núcleo, por que en ella, se encuentra el ADN, misma que contiene las cadenas de información genética, en los cromosomas; a su vez, dentro de los cromosomas, se encuentran los genomas que resguarda la principal información genética de cualquier personal. (Nota del autor).

formal".

La maternidad subrogada, de ser aceptada, tendría que ser regulada, a efecto de fijar las reglas mínimas para la investigación de la maternidad.

Cabe señalar que el artículo 380 Bis-1 del Código Civil del Estado de Tabasco, reconoce la "maternidad subrogada" describiendo esta figura, como cuando " ... una mujer gesta el producto fecundado por los padres contratantes, cuando la madre pactante padece imposibilidad física o contraindicación médica para llevar a cabo la gestación en su útero".

"La gestación por contrato", tiene dos modalidades:

Subrogada: implica que la gestante sea inseminada aportando sus propios óvulos y que, después del parto, entregue el recién nacido a la madre contratante mediante adopción plena; y

Sustituta: implica que la gestante sea contratada exclusivamente para portar en su vientre un embrión obtenido por la fecundación de gametos de la pareja o persona contratante

4. 4 Fecundación Posmortem

Es aquella que se logra, después de la muerte del secretor del semen. Para eso, el semen se congela, mediante la tecnología criogénica, guardándose el esperma por una cantidad indeterminada, hasta posteriormente, salir de la congeladora, para realizar la concepción.

No debe confundirse la fecundación póstuma que la posmortem, ni sus efectos naturales de la filiación consistentes en ser hijo póstumo e hijo posmortem.

En la filiación póstuma, existe nacimiento del descendiente del cuius, en un término que comprende de ciento ochenta días a trescientos días después del padre. En cambió la filiación posmortem puede ser por un término mayor al de trescientos días, pudiendo inclusive ser hasta de años.

De ahí la necesidad de regularizar esta situación jurídica, para efectos de derecho sucesorio. Así como definir la situación jurídica en el que pudiera encontrarse los gametos o los embriones congelados.

4. 5. Clonación.

La reproducción clónica es una forma de reproducir seres vivos, asexual, mediante el cual el ser clonado es copia de otro ser.

Así tenemos que cuando un gusano se parte en dos, surge otro gusano; de tal manera, que entre "n" veces, partimos un gusanos, tendremos "n" gusanos, desprendiéndose que cada gusano que surge, vendría siendo una "copia" o un clon, del primer gusano.

Algo así parecido ocurre con la clonación. Sólo que aquí el procedimiento de reproducción clónica, no se persigue como único fin, lograr la fecundación y gestación del ser, sino que también, le incumbe a la clonación humana, cuestiones genéticas, como el cigoto, el genotipo y el genoma.

El procedimiento de clonificación, parece sencillo pero realmente es difícil y complicado. Los materiales necesarios para lograr una clonificación, consiste precisamente en la existencia de dos células, una célula fecundada y la célula de un ser humano, del que se desea obtener la copia, y que puede obtenerse de diversas formas, ya sea desde una gota de sangre, hasta de un simple cabello.

De la célula fecundada se extraé el núcleo, al igual que de la célula del quien deseamos clonar; una vez extraídos los núcleos, se introduce el núcleo de la célula que deseamos clonar, en la célula fecundada; logrando con ello la clonificación.

Para un mayor entendimiento, tenemos dos células humanas: A y B, la célula A es una célula fecundada entre esperma y óvulo, producto de las personas Y y Z; mientras que la célula B es la célula de la persona X.[15]

De esta manera, extraemos el núcleo de tanto la células A y B; e introduciendo el núcleo de la célula B en la célula A, logrando con esta operación una célula clonada.

De esta manera, la célula A contiene el núcleo de la célula B,

---

[15] GUTIÉRREZ Y GONZÁLEZ, Ernesto. Op. Cit.. Pág. 238.

De manera aún más clara, ERNESTO GUTIÉRREZ Y GONZÁLEZ ilustra el procedimiento de clonificación en cuatro etapas:

Llamemos a la célula sexual fecundada como la célula A, y a la célula sexual, como la célula B

El deseo de clonar un ser humano, persigue ciertas ventajas y desventajas, en las cuales, también sin duda alguna participa la ética.

Entre las ventajas que se encuentran, seria el de duplicar individuos hermosos para el mejoramiento de la especie humana, o para evitar las enfermedades genéticas. También la clonación podrá fomentar la investigación humana; consumar sueños "ficticios" dentro de la "realidad", como el de dotar de descendientes a los estériles, o crear un hijo con el genotipo de la persona que queramos caprichosamente,

También entre otras ventajas sería el control de sexos, o la creación de seres humanos creados especialmente para determinadas misiones, como la guerra, o porque no, quizás pensando malévolamente, un retorno a la esclavitud.[16]

Viendo todas esos convenientes que representa la clonación, el procedimiento para la clonación humana consiste, ya una vez confrontadas las dos células, realizar el siguiente procedimiento.

Se extrae los núcleos tanto de las células A y B, mediante las técnicas utilizadas por los científicos.

Puede inclusive alterarse la información genética contenida en el núcleo de la célula. Logrando alterar el ADN al grado de lograr hasta mutaciones genéticas que se reflejen en el cambio de la tez de piel, en el cabello, color de ojos, e inclusive producir deformaciones en el cuerpo.

Finalmente con la última etapa, introducimos la célula de la persona a la que deseamos clonar, en la célula fecundada, logrando con éste procedimiento la clonación.

Sin embargo, independientemente del debate ético, religioso, moral y jurídico que pudiera representar la clonación, la misma despierta algunos inconvenientes, pues el individuo clonificado puede llegar a sufrir una grave crisis de identidad y encontrar difícil

---

[16] IBÍDEM. Pág. 279.

distinguirse a sí mismo del ser de donde se clonificó; aunado a que se le privara del derecho a que no se le negara deliberadamente el tener un genotipo singular, y al privarsele de ese derecho, es probable que quede dañado de origen. Por haber sido hecho copia de otro ser humano, al margen de quien sea ese humano.[17]

V.   CLASIFICACIÓN POR EL ESTADO FAMILIAR

Sin duda alguna, los principales efectos jurídicos que se pudieran producir con la reproducción humana asistida, son los del estado familiar, que consisten básicamente las diversas relaciones jurídicas que pueden sostener las distintas personas que participan en una inseminación artificial, entre estos mismos y con el ser fecundado.

Para efectos del tema de inseminación artificial, se habla de dos tipos, homóloga, aquélla en la que el material genético ha sido aportado por ambos cónyuges o concubinos; y, heteróloga, en la cual al menos uno de los gametos ha sido donado por un tercer extraño

Para eso expondremos las distintas hipótesis que pudieran darse, en la cual manifestamos el tipo de esterilidad, así como los portadores del esperma, óvulo y del utero, a fin de especular sobre el posible parentesco que pudiera surgir.

TIPO DE ESTERELIDAD	ESPERMA	OVULO	UTERO
Madre estéril con capacidad de concebir	Padre	Madre	Madre
Padre esteril. Madre con	Donante	Madre	Madre

---

[17]CFR. FUNDACIÓN BBV-DIPUTACIÓN FORAL DE BIZKAIA. Código de Leyes sobre Genética. Universidad de Deusto. Bilbao España. 1997

capacidad de concebir			
Madre esteril capaz de gestar	Padre	Donante	Madre
Pareja esteril . Madre capaz de gestar	Donante	Donante	Madre
Madre estéril e incapaz de gestar	Padre	Donante	Sustituta
Pareja estéril y madre incapaz de gestar	Donante	Donante	Sustituta
Pareja fértil y madre incapaz de gestar	Padre	Madre	Sustituta
Madre fértil e incapaz de gestar. Padre estéril	Donante	Madre	Sustituta

5. 1. Madre estéril con capacidad de concebir, con esperma del padre y óvulo de la madre, en el útero de la madre

Esta situación no produce tantos efectos jurídicos ni problemas tecnológicos de inseminación artificial, toda vez que la esterilidad de la madre puede ser tratada por diversos medios, sin necesidad de llegar a la reproducción asistida.

Razón por la cual al lograrse la fecundación por distintas vías a la inseminación artificial, el parentesco que existiría entre el ser fecundado con la de sus padres, es la misma que reconoce el Código Civil, la de padre, madre e hijo.

5. 2. Padre estéril, madre con capacidad de concebir, con esperma del donante y óvulo de la madre, en el útero de la madre

En éste caso, se necesita de una tercera persona, quien es el "donador" portador del esperma.

El debate científico, ético, jurídico, sería definir el parentesco que existe entre el ser fecundado con la del "donador" portador del esperma, quien en términos científicos, sería su "padre biológico".

Por otra parte, de conformidad a la tradición clásica del parentesco familiar, tenemos que la relación paternal-filial, se sostendría con el ser fecundado y con el padre estéril, sin tomar a consideración su incapacidad (esterilidad) para fecundar.

5. 3. Madre estéril con capacidad de gestar, con esperma del padre y óvulo de la donante, en el útero de la madre

En éste caso, tenemos que la madre es incapaz de fecundar, más no de gestar; es decir, puede la madre del ser fecundado, encontrarse en estado de gravidez, sin que la misma haya aportado el gameto para la concepción.

Es el caso inverso del padre estéril, sólo que aquí la esterilidad de la madre no implica forzosamente la capacidad gestar.

Por otra parte, el debate científico, ético, jurídico, sería definir la maternidad del menor, toda vez que la donadora del óvulo, sería en términos científicos la "madre biológica".

Siguiendo el parentesco tradicional del derecho familiar, la maternidad sería únicamente entre la madre que alumbro en el parto al menor, sin importar quien haya sido la donadora del óvulo.

5. 4. Pareja estéril con capacidad de gestar de la madre, con esperma y óvulo de donadores, en el útero de la madre

Este caso es más complicado que los anteriores, toda vez que en éste, los "padres biológicos" son los portadores del semen y el óvulo, con el cual se logro la fecundación.

Sin embargo, dentro del parentesco tradicional, el parentesco entre el hijo respecto a sus padres, sería el que reconoce el Código Civil, sin importar si ambos fueron o no, portadores de los gametos. Aunado a que formalmente, la madre que alumbro en el parto, se le imputa la maternidad.

5. 5. Madre estéril e incapaz de gestar, con esperma del padre y óvulo de la donante, en el útero de la sustituta

Este caso socialmente es difícil que pueda darse, toda vez que el padre puede lograr la reproducción humana, procreando naturalmente con otra mujer en unión libre, distinta a su pareja (matrimonial o concubinaria), e inclusive negociar ilícitamente, con la madre del menor, para registrarlo como hijo de su pareja formal.

5. 6. Pareja estéril con madre incapaz de gestar, con capacidad de concebir, con esperma y óvulo de los donadores, en el útero de la sustituta

Un caso quizás absurdo por los requisitos que se mencionan y que bien, pudiera encontrar una vía alterna, como lo es la adopción de un menor que pueden contraer una pareja.

5. 7. Pareja fértil con madre incapaz de gestar, esperma y óvulo del padre y madre, en el útero de la sustituta

Un caso social concurrido y que puede darse constantemente, al existir el deseo de los padres de lograr la fecundación con sus propios gametos, pero con la ayuda de una madre sustituta.

Los problemas jurídicas que pudieran precisamente originarse, es la situación del menor creado con respecto a la "madre sustituta" y con su madre portadora del óvulo.

Siguiendo los lineamientos del parentesco familiar, la maternidad le correspondería a la llamada "madre sustituta" por alumbrar en el parto, sin importar si la misma fue o no, donadora o portadora del óvulo.

5. 8. Madre fértil e incapaz de gestar, padre esteril con esperma del donador, óvulo de la madre, en el útero de la sustituta

Otro caso que pudiera ser común, independientemente de que la madre tenga capacidad o no de gestar, toda vez que en esta situación se buscaría a la "madre sustituta", para la gestación del ser fecundado.

Siguiendo de nueva cuenta, los lineamientos del parentesco, no existitíría vinculo jurídico entre los padres del menor, toda vez que la maternidad le correspondería a la madre sustituta.

VI. TENDENCIAS JURÍDICAS

Más que llamar "tendencias jurídicas" el presente apartado, es preferible denominarlo, "principios generales de legislación comparada", al tema que nos ocupa. En virtud, de que aquí mostraremos algunos de los lineamentos que se encuentran contemplados en la legislación de algunos países como España, Italia, Inglaterra, Francia; sin olvidar tampoco los criterios jurisprudenciales de los Tribunales de los Estados Unidos de América, Australia, entre otros más.[18]

De igual modo no debe pasar desapercibido, que la utilizaciòn de las tècnicas de reproducciòn asistida, ha sido un tema frecuente, en el caso de las parejas homoparentales, es decir, las uniones de personas del mismo sexo.

En tal orden de ideas, señalamos como principales principios, los siguientes:

6. 1. Críticas

---

[18] http://www.msal.gob.ar/prensa/index.php/noticias-de-la-semana/1416-se-reglamento-la-ley-26862-de-reproduccion-medicamente-asistida. Consultado el 25 de diciembre de 2019.

Encontramos criterios formalmente prohibitivos y otros más, donde se reconoce este derecho, pero de manera regulada, bajo ciertas circunstancias.

Los argumentos que en su momento se utilizaron en el litigio internacional sostenido en la Corte Interamericana de Derechos Humanos. "Caso Artavia Murillo y otros ("Fecundación in vitro")", figuran violación del derecho a la vida, un alto porcentaje de malformaciones dada las características privadas y aisladas en que se implementaban dichas técnicas, hacían difícil la reglamentación y el control a cargo del Estado".

Por otra parte, se alegaba que la vida humana se inicia desde el momento de la fecundación, por lo tanto, cualquier eliminación o destrucción de concebidos - voluntaria o derivada de la impericia del médico o de la inexactitud de la técnica utilizada - resultaba en una evidente violación al derecho a la vida; aunado a que se trataba también de un negocio que no cura ninguna enfermedad, ni tampoco es tratamiento de emergencia para salvar una vida, pudiendo implicar la eliminación de concebidos.

Sin embargo, la Corte Interamericana realizó diversas consideraciones. Entre estas razones figuran las siguientes: "la decisión ... de tener hijos biológicos ... pertenece a la esfera más íntima de la vida privada y familiar; y la forma como se construye dicha decisión es parte de la autonomía y de la identidad de una persona tanto en su dimensión individual como de pareja".

Así las cosas, la vida en común y la posibilidad de procrear es parte del derecho a fundar una familia. La utilización de las técnicas de reproducción, Fecundación In Vitro, sirven precisamente para combatir la infertilidad, la cual también está estrechamente vinculada con el goce de los beneficios del progreso científico.

Sin embargo, llama la atención el criterio judicial utilizado en Colombia, donde al tratar el tema, refiere que en los casos de infertilidad originaria, cuando esta sea producto o consecuencia de una enfermedad que afecte el aparato reproductor y de paso ponga en riesgo los derechos fundamentales de la paciente, no es procedente la protección constitucional, toda vez que "el derecho a la maternidad no incluye la obligación de buscar por todos los medios la viabilidad del ejercicio de las funciones reproductivas, cuando éstas se encuentran truncadas por motivos que no pueden ser imputables al Estado. Por ende en ese supuesto, se exime al Estado de garantizar este derecho.[19]

Por otra parte, la prohibición de los tratamientos de reproducción asistida por parte de los Estados - refiere la Corte Interamericana de Derechos Humanos - supone una limitación para el ejercicio de estos derechos, y de paso, para otros que se encuentran íntimamente relacionados, como el derecho a la igualdad. Desde esta perspectiva, dicha prohibición se concreta en situaciones de discriminación indirecta en relación (i) con la condición de discapacidad sobre aquellas personas que padecen una enfermedad en su sistema reproductivo (ii) con el género -en la medida que produce impactos desproporcionados diferenciados por los estereotipos y prejuicios de la sociedad- y (iii) con la condición económica al tener un impacto negativo sobre las personas que no cuentan con los recursos para asumir un tratamiento de reproducción asistida.

6.2. Necesidad de regular la reproducción humana asistida.

Es necesario regular la reproducción humana asistida, ya sea para regularlo o bien para prohibirlo.

Existen países, como es el caso de Argentina, en el cual, a través de la Ley 26.862 denominada "Ley de Acceso Integral a los Procedimientos y Técnicas Médico-Asistenciales de Reproducciòn Médicamente Asistida, en el cual se reconoce no solamente el derecho a la reproducciòn asistida, sino que tambièn, el Estado garantiza el ejercicio de este derecho, ofreciendo de manera gratuita dichos servicios, a través de instituciones públicas.[20]

Sin embargo, en el caso de México, se carece de normatividad jurídica al respecto, si no se regula, tampoco se prohíbe, lo que significa, siguiendo aquel principio general de derecho, "...que todo

---

[19] https://www.corteconstitucional.gov.co/relatoria/2015/t-274-15.htm Consultado el 25 de diciembre del 2019.

[20] VALDEZ DIAZ, Caridad del Carmen. El acceso a algunas técnicas de reproducciòn humana asistida: "Crónica de una vida anunciada". Revista Ius, Vol 11. Nª 39. Puebla ene/Jun 2017. http://www.scielo.org.mx/scielo.php?script=sci_arttext&pid=S1870-21472017000100003 Consultado el 25 de diciembre del 2019.

aquello que no está prohibido...¡está permitido¡". Es decir, al no existir, en ese país normas que regulen o prohiban estas técnicas de reproducción, se debe sobreentender, que la realización de las mismas, no implicarían ningún tipo de sanción.

En ese sentido, se pronunció la Primera Sala de la Suprema Corte mexicana, mediante el cual determinó que no existe una regulación a nivel federal en materia de filiación respecto de los productos nacidos a partir de la utilización de las diversas técnicas de reproducción asistida; no obstante, la falta de dicha regulación, tanto en la federación como en algunos de los Estados de la República mexicana, no puede constituir un impedimento para el reconocimiento, protección y vigencia de los derechos fundamentales de las personas que nazcan a partir de este tipo de adelantos médicos, toda vez que ello constituye una realidad fáctica.

En ese orden de ideas, conviene señalar fuentes jurídicas que sirven para sostener un criterio jurídico relevante. El primero de ellos, es la Sentencia del 28 de noviembre del 2012 recaída al Juicio Artavia Murillo y otros ("Fecundación in vitro"), dictada por la Corte Interamericana de Derechos Humanos; y otras más, lo constituyen, las sentencias dictada en el Juicio de Amparo 2766/2015 resuelto por la Primera Sala de la Suprema Corte de Justicia de la Nación o bien, la Sentencia recaída al juicio T-274/15 dictada por la Corte Constitucional de Colombia.

El principio fundamental que contiene la sentencia internacional antes citada, es el derecho de protección a la familia conlleva, entre otras obligaciones, a favorecer, de la manera más amplia, el desarrollo y la fortaleza del núcleo familia.

6.3. Derechos Sexuales y Reproductivos

De un lado, los derechos reproductivos protegen la autodeterminación reproductiva asociada con la progenitura responsable y que se entiende como la facultad que tienen las personas de decidir si quieren o no tener hijos y en qué momento. Este derecho supone la prohibición de cualquier interferencia externa en la toma de este tipo de decisiones personales, por lo cual se considera vulnerado cuando la persona es sometida a cualquier tipo de violencia física, psicológica o a actos de discriminación, como embarazos, esterilizaciones o abortos forzados. Los derechos reproductivos también amparan el derecho de las personas a acceder a servicios de salud reproductivos lo cual incluye tratamientos médicos para enfermedades del aparato reproductor, embarazos libres de riesgos y acceso a información y métodos de anticoncepción.[21]

Por otra parte, los derechos sexuales reconocen la libertad sexual o bien el derecho que le asiste a cada persona para decidir si quiere o no tener relaciones sexuales y con quién, sin que exista violencia, coacción o interferencias arbitrarias de terceros. Asimismo, protegen el acceso a servicios de salud sexual.

Al respecto, la Corte Constitucional de Colombia ha destacado que "la protección constitucional de la persona en su plenitud, bajo la forma del derecho a la personalidad y a su libre desarrollo, comprende en su núcleo esencial el proceso de autónoma asunción y decisión sobre la propia sexualidad. Carecería de sentido que la autodeterminación sexual quedara por fuera de los linderos de los derechos al reconocimiento de la personalidad y a su libre desarro-llo, si la identidad y la conducta sexuales, ocupan en el desarrollo del ser y en el despliegue de su libertad y autonomía, un lugar tan destacado y decisivo.

6.4. Casos en que debe emplearse la reproducción humana asistida.

La reproducción humana únicamente debe emplearse en casos de esterilidad. Y siempre y cuando, la pareja haya agotado todos los medios terapéuticos, quedando acreditada la imposibilidad de fecundar por otros medios.

La reproducción humana asistida, también podrá emplearse con la finalidad de prevenir y tratar enfermedades de origen genético o hereditario.

El fundamento para emplear las técnicas de reproducción asistida, derivan del derecho humano a la vida privada, que incluye esta, la forma en que el individuo se ve a sí mismo y cómo decide proyectarse hacia los demás; la decisión de ser o no madre o padre es parte del derecho a la vida privada e incluye, la decisión de ser madre o padre en el sentido genético o biológico.

[21] IDEM.

Por otra parte, los derechos a la vida privada y a la integridad personal se hallan también directa e inmediatamente vinculados con la atención de la salud. La falta de salvaguardas legales para tomar en consideración la salud reproductiva puede resultar en un menoscabo grave del derecho a la autonomía y la libertad reproductiva. Existe por tanto una conexión entre la autonomía personal, la libertad reproductiva y la integridad física y psicológica.

Finalmente, el derecho a la vida privada y la libertad reproductiva guarda relación con el derecho de acceder a la tecnología médica necesaria para ejercer ese derecho. Del derecho de acceso al más alto y efectivo progreso científico para el ejercicio de la autonomía reproductiva y la posibilidad de formar una familia se deriva el derecho a acceder a los mejores servicios de salud en técnicas de asistencia reproductiva, y, en consecuencia, la prohibición de restricciones desproporcionadas e innecesarias de iure o de facto para ejercer las decisiones reproductivas que correspondan en cada persona.

Por otra parte, también debe tomarse en cuenta que la cuestión de la infertilidad, es un tema de salud y por ende, la persona infértil, es una persona que puede considerarse con un tipo de discapacidad, con el pleno derecho de acceder a los servicios médicos.

Así las cosas, la Organización Mundial de la Salud, considera a la infertilidad como una enfermedad del sistema reproductivo, las personas con infertilidad, deben considerarse protegidas por los derechos de las personas con discapacidad, condición que demanda una atención especial para que se desarrolle la autonomía reproductiva.

En tal tesitura, el artículo 25 de la Convención sobre los Derechos de las Personas con Discapacidad, incluye el derecho de las personas con discapacidad de acceder a las técnicas necesarias para resolver problemas de salud reproductiva. Lo hace igualmente con el Protocolo Adicional a la Convención Americana en materia de Derechos Económicos, Sociales y Culturales (Protocolo de San Salvador), que en su artículo 18 señala que "Toda persona afectada por una disminución de sus capacidades físicas o mentales tiene derecho a recibir una atención especial con el fin de alcanzar el máximo desarrollo de su personalidad". Asimismo, se cita la Convención Interamericana para la Eliminación de todas las Formas de Discriminación contra las Personas con Discapacidad, que define el término "discapacidad" como "una deficiencia física, mental o sensorial, ya sea de naturaleza permanente o temporal, que limita la capacidad de ejercer una o más actividades esenciales de la vida diaria, que puede ser causada o agravada por el entorno económico y social".

Por ende, la Corte Interamericana de Derechos Humanos sostiene que es obligación de los Estados propender por la inclusión de las personas con discapacidad por medio de la igualdad de condiciones, oportunidades y participación en todas las esferas de la sociedad, con el fin de garantizar que las limitaciones anteriormente descritas sean desmanteladas. Por tanto, concluye, es necesario que los Estados promuevan prácticas de inclusión social y adopten medidas de diferenciación positiva para remover dichas barrera.

6. 5 ¿El neonascitirus es persona?

Tema controvertido y sensible, que genera diversas discusiones en la bioética, la moral y la religión.

La Corte Interamericana de Derechos Humanos, en el controvertido caso Artavia Murillo vs. Costa Rica, que versó sobre el uso de la fertilización in vitro en parejas infértiles, consideró que el feto no es un sujeto de derecho. Para llegar a tal conclusión, subyace la tesis de que los derechos sólo pueden ser ejercitados por personas, ya que únicamente éstas pueden ser las beneficiarias de la normatividad que otorgan los principios constitucionales que adscriben derechos. Siendo ello así, el nonato no está legitimado para el ejercicio de derechos en forma autónoma, como sí lo están las personas nacidas y completas.

La Corte llegó a las siguientes conclusiones en su labor interpretativa. En primer lugar, afirma "que el embrión no puede ser entendido como persona para efectos del artículo 4.1 de la Convención Americana". En segundo lugar, distingue "concepción" de "fertilización"; sostiene que "la 'concepción' en el sentido del artículo 4.1 tiene lugar desde el momento en que el embrión se implanta en el útero"; por lo tanto, la Convención no es aplicable antes de este evento. En tercer lugar, afirma que, de acuerdo con la expresión "en general", la protección del derecho a la vida no puede ser absoluta, "sino es gradual e incremental según su desarrollo, debido a que no constituye un deber absoluto e incondicional". Finalmente, afirma que "el objeto directo de protección [del artículo 4.1] es fundamentalmente la mujer embarazada".[22]

La sentencia de la Corte Interamericana ha sido criticada, pues según el artículo 4.1. del Pacto de San José, la vida debe comenzar, desde la concepción. En opinión de VALDEZ DÍAZ, nos dice que la sentencia no ha sido contraria a la letra del precepto, pues la Corte no niega protección a la vida desde la concepción, sólo que, a su juicio, la concepción, cuando de fertilización in vitro se trata, comienza realmente cuando el embrión se transfiere al útero materno.[23]

La Corte Constitucional de Colombia, tiene una mejor posiciòn respecto al derecho a la vida, definida esta, en la sentencia C-355/06.

Al respecto nos dice que la Vida, es un valor y un derecho fundamental, en el cual, le compete al legislador, establecer las medidas necesarias para su protección. Sin embargo, este derecho, no es absoluto, sino que debe ser ponderado con los otros valores,principios y derechos constitucionales.

El derecho a la vida, implica dos cuestiones importantes; la primera de ellas, se trata de un bien jurìdico protegido por la Constitución, el cual la titularidad y el ejercicio de este derecho, se encuentra restringida a la persona humana; mientras que la protección a la vida, se predica incluso respecto a quienes no han alcanzado la condiciòn (de persona humana).

Respecto a la determinación de poder establecer en qué momento inicia esta, la Corte dijo que "... determinar el momento exacto a partir del cual se inicia la vida humana es un problema al cual se han dado varias respuestas, no sólo desde distintas perspectivas como la genética, la médica, la religiosa, o la moral, entre otras, sino también en virtud de los diversos criterios expuestos por cada uno de los respectivos especialistas, y cuya evaluación no le corresponde a la Corte Constitucional en esta decisión".

Este criterio emitido por el más alto tribunal de Colombia, da pie, a que otros tribunales, puedan seguir con el mismo criterio, es decir, no establecer en que momento inicia la vida humana.

Ahora bien, determinar la protección jurídica a la vida del nasciturus y de la persona humana, la Corte Colombiana determinó que "La vida humana transcurre en distintas etapas y se manifiesta

---

[22] CFR.
https://www.corteidh.or.cr/cf/Jurisprudencia2/ficha_tecnica.cfm?nId_Ficha=235
[23] CFR. https://www.revistaius.com/index.php/ius/article/view/297/524

de diferentes formas, las que a su vez tienen una protección jurídica distinta. El ordenamiento jurídico, si bien es verdad, que otorga protección al nasciturus, no la otorga en el mismo grado e intensidad que a la persona humana. Tanto es ello así, que en la mayor parte de las legislaciones es mayor la sanción penal para el infanticidio o el homicidio que para el aborto. Es decir, el bien jurídico tutelado no es idéntico en estos casos y, por ello, la trascendencia jurídica de la ofensa social determina un grado de reproche diferente y una pena proporcionalmente distinta. De manera que estas consideraciones habrán de ser tenidas en cuenta por el legislador, si considera conveniente fijar políticas públicas en materia de aborto, incluidas la penal en aquellos aspectos en que la Constitución lo permita, respetando los derechos de las mujeres".

Así pues, dicha Corte consideró también que "bajo ninguna de las posibilidades interpretativas antes reseñadas puede llegar a afirmarse que el derecho a la vida del nasciturus o el deber de adoptar medidas legislativas por parte del Estado, sea de naturaleza absoluta, como sostienen algunos de los intervinientes. Incluso desde la perspectiva literal, la expresión "en general" utilizada por el Convención introduce una importante cualificación en el sentido que la disposición no protege la vida desde el momento de la concepción en un sentido absoluto, porque precisamente el mismo enunciado normativo contempla la posibilidad de que en ciertos eventos excepcionales la ley no proteja la vida desde el momento de la concepción".

Así las cosas, para efectos de la jurisprudencia de la Corte Interamericana y de la Corte Colombiana, el nasciturus, no es persona.

6.6. A que tipo de mujeres, se debe emplear las técnicas de reproducción asistida

Cabe señalar que sobre este tema, la Corte Constitucional de Colombia en su Sentencia 274-15, ha hecho una serie de consideraciones jurídicas sobre el rol de la maternidad y el género, así como la violencia que la mujer pudiera resentir. "si bien el papel y la condición de la mujer en la sociedad no deberían ser definidos únicamente por su capacidad reproductiva, la feminidad es definida muchas veces a través de la maternidad. En estas situaciones el sufrimiento personal de la mujer infecunda es exacerbado y puede conducir a la inestabilidad del matrimonio, a la violencia doméstica, la estigmatización e incluso el ostracismo". La Corte Constitucional de Colombia, señaló que aunque la infertilidad puede afectar tanto a hombres como a mujeres, la utilización de las tecnologías de reproducción asistida se relaciona especialmente con el cuerpo de las segundas y si bien la prohibición de la fertilización in vitro no está expresamente dirigida hacia las mujeres, y por lo tanto aparece neutral, tiene un impacto negativo desproporcional sobre ellas.

No obstante, resalta que estos estereotipos de género son incompatibles con el derecho internacional de los derechos humanos y por lo mismo se deben tomar medidas para erradicarlos.

La reproducción humana asistida, será únicamente aplicada en aquellas mujeres que tengan posibilidades de que pueda lograrse la operación, sin que pongan en riesgo su salud, debiendo contar con capacidad jurídica, estar además informadas y aceptado libre y conscientemente, la reproducción asistida.

La maternidad forma parte esencial del libre desarrollo de la personalidad de las mujeres.

Si la mujer es casada, debe contar con el consentimiento del marido. En todo caso, el consentimiento del marido, debe ser libre e informado.

6. 7. Finalidad de la reproducción humana asistida.

Una visión tradicional pudiera argumentar, que la reproducción humana, debe ser únicamente para fines de procreación. Sin embargo, esa visión ha sido actualizada en los últimos años, por el ejercicio de los llamados derechos sexuales.

La Corte Interamericana de Derechos Humanos ha determinado que los derechos sexuales y reproductivos protegen la facultad de las personas de tomar decisiones libres sobre su sexualidad y reproducción, y han sido reconocidos como derechos humanos cuya protección y garantía parten de la base de reconocer que la igualdad y la equidad de género.

Por otra parte, el derecho de procreación no es una cuestión limitativa a parejas heterosexuales, sino que también, aplica para las parejas homosexuales, así lo determinó la Suprema Corte de Justicia mexicana en la ejecutoria de amparo 852/2017.

La Constitución protege a todo tipo de uniones familiares, entre ellas, a las homoparentales, las cuales se conforman por parejas de personas del mismo sexo; y que tanto el hombre como la mujer, sin distinción, tienen el derecho a formar una familia, así como a la procreación y crianza de los hijos. En ese sentido, las parejas homosexuales tienen derecho a la vida familiar y, con ello, si es el deseo de éstos, a la procreación y/o crianza de los hijos, ya sea adoptivos, procreados naturalmente por uno de ellos o mediante el uso de técnicas de reproducción asistida.

6. 8. Elección del gameto o preembrión que se utilizara en la reproducción humana asistida

Corresponde al centro Autorizado elegir el gameto o preembrión del donante y no a la usuaria de la técnica. Dicha elección deberá cumplir con la máxima similitud fenotípica e inmunológica, y máximas posibilidades de compatibilidad con la mujer receptora y su entorno familiar.

Se transferirá al útero, solamente el número de embriones considerado científicamente como el más apto para asegurar razonablemente el embarazo.

6. 9. Deber de Información.

La información de la reproducción humana asistida, debe ser dirigida ante la pareja que solicita el servicio, como también a los donadores de gametos y embriones. Debiendo incluir dicha información, las consecuencias de orden biológico, jurídico, ético o económico, que implica el acto.

Tienen derecho de información los hijos nacidos bajo éste

sistema, así como también las mujeres receptoras de gametos. Acerca de la información general del donante, pero no de su identidad.

Únicamente el juez puede autorizar mediante circunstancias extraordinarias, revelar la identidad del donante. Este derecho, únicamente lo tienen los hijos.

El reconocimiento de la identidad del donante, no implica la filiación.

6. 10. Confidencialidad.

Estricta confidencialidad de las parejas estériles y de los donantes.

La confidencialidad de los donantes de gametos y preembriones, debe ser celosamente custodiada. Debiéndose guardar la identidad del donante, en el Banco respectivo y en un Registro Nacional de Donantes.

6. 11. Contrato de donación de gametos y prembriones.

El contrato debe ser gratuito, formal, secreto, con plena información del donante, sobre las consecuencias éticas, biológicas, jurídicas, económicas, del acto que desea realizar.

El contrato al ser gratuito, no pude tener el carácter de lucrativo o comercial.

Al ser secreto el contrato entre el donante y el centro autorizado, el Centro Autorizado debe guardar la identidad del donante, observando la confidencialidad de los datos que tenga, salvo en los casos en que la autoridad judicial ordene lo contrario.

El contrato únicamente lo deben realizar el donante y el Centro autorizado.

El donante además de tener capacidad jurídica, no debe de padecer de enfermedades genéticas hereditarias o infecciosas transmisibles.

El contrato podrá ser revocado por el donante, siempre y cuando exista esterilidad superveniente al donador y que se encuentren disponibles los gametos o preembriones; puede sumarse también, la obligación del donante de indemnizar los gastos realizados por el Centro autorizado.

No podrán nacer seis hijos de un mismo donante.

6. 12. Filiación

No podrá asentarse en el acta de nacimiento, que tipo de reproducción se empleo para la fecundación del quien se registra.

No tiene acción de filiación el donante, respecto a los hijos nacidos de la mujer o pareja beneficiada de la reproducción asistida.

En caso de conocerse la identidad del donador del gameto o del preembrión, no implica ese hecho, filiación alguna.

En caso de existir gestación subrogada, y con ello, la maternidad. La filiación se daría entre la madre "sustituta" con el menor. Y no con otras personas.

La filiación atiende a dos principios: La voluntad procreacional y la inscripción que se haga la misma, en el Registro Civil.

6. 13. Bancos de Gametos y Preembriones

Los bancos podrán conservar los gametos durante un tiempo máximo de cinco años.

Los preembriones sobrantes de una fecundación in vitro, no transferidos al útero, se crioconservaran en los bancos autorizados por un tiempo máximo de cinco años.

6. 14. Fecundación posmortem

Queda prohibida la fecundación posmortem.

Únicamente se autorizará la fecundación posmortem, cuando exista escritura pública o disposición testamentaria del cuius, que así lo determine. En todo caso, la vigencia de dicha autorización posmortem, será de seis meses improrrogables y se tendrá efectos jurídicos de filiación.

6. 15. *Gestación subrogada*

Queda prohibido el contrato de gestación subrogada. (gratuito u oneroso). Es el caso de los Estados de San Luis Potosi y Queretaro.

En el caso del Estado de Tabasco, se reguló la "gestación asistida y subrogada", inclusive, el contrato de gestación. .

VII. LAS TÉCNICAS DE REPRODUCCIÓN ASISTIDA EN EL DERECHO POSITIVO MEXICANO

No debemos perder de vista que México es un país federal, que se compone de 32 entidades federativas; por ende, existen al menos, 33 códigos civiles, uno de ellos federal y los restantes, locales.

El día 25 de mayo del año 2000 salió publicado en la Gaceta Oficial del Distrito Federal, un decreto mediante el cual "cambió de denominación" al Código Civil para el Distrito Federal en materia común y para toda la República en Materia Federal, para llamarle en lo sucesivo "Código Civil del Distrito Federal". El Código Civil del Distrito Federal, vigente a partir del año 2000, incluyó una serie de reformas importantes, por lo que se refiere al apartado correspondiente del Derecho Familiar. Sobre éste punto en particular, figuran los artículos 162, 267 fracción XIX, 293, 326 y 327 del Código Civil en comento.

Sin embargo, a estas reformas, quetambièn han regulado las tècnicasde reproducci`n asistida, se han sumado también los Códigos Civiles de los Estados de México, Michoacán, Tabasco, San Luis Potosí; que a continuación se expondrá.

7. 1. Derecho a la autodeterminación reproductiva

Los derechos reproductivos constituyen un nuevo campo de normatividad nacional e internacional; han sido confirmados en la Conferencia Nacional de Población y Desarrollo de la Organización de las Naciones Unidas (El Cairo, 1994) y en la Cuarta Conferencia Mundial de la Mujer de la misma organización internacional (Pekín, 1995).

Ahora bien, en México, el artículo 4 constitucional establece que en los Estados Unidos Mexicanos, toda persona tiene derecho a decidir sobre el número y espaciamiento de sus hijos de manera libre, responsable e informada. Por otra parte, el artículo 17 de la Convención Americana sobre Derechos Humanos, de la cual México es parte, reconoce el derecho de las personas a fundar una familia si tienen la edad y las condiciones que requieren las leyes internas para ello.

Este derecho a decidir, si tener o no tener hijos; así como con que frecuencia, es lo que la jurisprudencia colombiana denomina "autodeterminación reproductiva".

Así, la autodeterminación reproductiva reconoce a las personas, en especial a las mujeres, el derecho a estar libres de todo tipo de interferencias en la toma de decisiones reproductivas, incluida la violencia física y psicológica, la coacción y la discriminación, pues no se deben sufrir tratos desiguales injustificados por razón de las decisiones reproductivas, sea que se decida tener descendencia.

Por tanto, se viola el derecho a la autodeterminación reproductiva cuando se presentan, por ejemplo, embarazos, esterilizaciones, abortos o métodos de anticoncepción forzados o cuando se solicitan pruebas de esterilización o de embarazo para acceder o permanecer en un empleo.

Además, la autodeterminación reproductiva reconoce que este tipo de decisiones son personales, pues "[l]a decisión de la mujer de tener hijos no debe estar limitada por el cónyuge, el padre, el compañero o el gobierno. Es por ello que este derecho es vulnerado, por ejemplo, 'cuando se obliga al marido a dar su autorización para decidir sobre la esterilización de la mujer, o cuando se establecen requisitos generales para la esterilización de la mujer, como por ejemplo, tener cierto número de hijos o cierta edad, o cuando es obligatorio que los médicos y otros funcionarios de salud informen sobre los casos de mujeres que se someten a abortos.

En México, el artículo 4 de la Constitución Política, garantiza este principio de autodeterminación reproductiva.

7. 2. Derecho a la procreación asistida.

El legislador federal - mexicano - no ha adoptado una normatividad que en este escenario específico y particular, fije las reglas relativas para el acceso a las mismas. Ha sido el legislador local quien en los Códigos Civiles o Familiares ha incluido alguna regulado la materia.

El artículo 162 del Código Civil del Distrito Federal, extendiendo aún más la garantía individual reconocida en el artículo cuarto constitucional, que :

"Los cónyuges tienen derecho a decidir de manera libre, informada y responsable el número de espaciamiento de sus hijos, así como emplear, en los términos que señala la ley, cualquier método de reproducción asistida, para lograr su propia descendencia. Este derecho será ejercido de común acuerdo por los cónyuges".

La reforma es acertada, al reconocerse como derecho de índole familiar, la libertad de procrear, lo que significa también, su congruencia con los artículos primero de la Constitución y segundo del Código Civil del Distrito Federal, al manifestarse la igualdad de todas las familias, independientemente de su situación económica, a acceder a los tratamientos de reproducción asistida, cuando sus circunstancias biológicas naturales no se los permitan.

Por otra parte, el Código Civil del Estado de México, en sus artículos 4.111 y 4.112 establece similar derecho; la reproducción asistida a través de métodos de inseminación artificial requiere del consentimiento.

El artículo 150 del Código Civil del Estado de Michoacán de Ocampo señala que "Los cónyuges tienen derecho a decidir de manera libre, responsable e informada sobre el número y espaciamiento de los hijos, así como emplear, en los términos que señala la Ley, cualquier método de reproducción asistida, para lograr su propia descendencia. Este derecho será ejercido de común acuerdo por los cónyuges".

Mientras que los artículos 380 Bis al 380 Bis 7 del Código Civil del Estado de Tabasco, reguló con mayor precisión la reproducción humana asistida, inclusive, el "contrato de gestación", (maternidad subrogada).

En ese tenor, el artículo 123 del Código Civil del Estado de Zacatecas señala que "Los cónyuges tienen derecho a decidir de manera libre, responsable e informada sobre el número y espaciamiento de sus hijos, así como a emplear cualquier método de procreación asistida para lograr su propia descendencia. Este derecho será ejercido de común acuerdo por los cónyuges en los términos establecidos por la Ley".

Por otra parte, el mismo precepto normativa, abre la posibilidad de que la fecundación asistida, se reglamente mediante otra ley.

Ahora bien, por criterios jurisprudenciales, los tribunales mexicanos se han pronunciado respecto al derecho de procreación, no solamente es limitativo entre los matrimonios compuestos por hombre y mujer; sino que también, los llamados matrimonios homoparentales o igualitarios, tienen derecho también, acudir a las técnicas de reproducción artificial. Así lo pronunció la Primera Sala de la Suprema Corte de Justicia de la Nación en el Amparo en Revisión 553/2018.

En dicha ejecutoria, la Suprema Corte mexicana determinó que el artículo 4° constitucional establece un mandato para que las leyes protejan la organización y desarrollo de la familia, sin especificar una modalidad o conformación en particular, lo cual supone la inclusión de las parejas de mismo sexo, mismas a las que se les ha reconocido, en aras del principio de igualdad y no discriminación, el derecho a contraer matrimonio.

Así las cosas, el derecho a acudir a técnicas de reproducción asistida para lograr el nacimiento de un hijo, es accesible a todas las personas ya sea por cuestiones de infertilidad tratándose de parejas heterosexuales, o bien, en el caso de parejas del mismo sexo, por la imposibilidad biológica que ello representa al no estar presente un elemento masculino y uno femenino, lo que significa que sí debe reconocerse a las parejas homosexuales el derecho de acudir a los adelantos médicos para poder acceder a la paternidad o maternidad. Por ende, resulta requisito indispensable para acudir a las técnicas de reproducción asistida, el consentimiento de los padres, denominada "voluntad procreacional", que consiste en el deseo de asumir a un hijo como propio aunque biológicamente no lo sea y por ende, aceptar todas las obligaciones que derivan de ello.

Esa voluntad procreacional a la que acude a la pareja, debe ser complementada también por la voluntad de la progenitora gestante, la cual deberá ser mayor de edad y con total capacidad de ejercicio, y dicha voluntad además, deberá manifestarse libre de vicios y en pleno uso de su derecho al libre desarrollo de la personalidad.

Por otra parte, en el Amparo directo en revisión 2766/2015. resuelto el 12 de julio de 2017, la Suprema Corte de Justicia en México determinó que el derecho a la identidad de un menor, cuando se emplea tratamiento por inseminación artificial heteróloga, se dota de contenido bajo una doble connotación: en primer lugar, respecto de las consecuencias jurídicas que surgen por quienes se someten a esos tratamientos; y en segundo lugar, en relación con el impacto que se produce en los hijos nacidos bajo esas técnicas. Así, al estar en presencia de un tratamiento por inseminación artificial heteróloga, como técnica a través de la cual las personas tanto en lo individual como en pareja pueden ejercer su derecho a formar una familia, lo primero que habrá que verificar es en cuál de esas dimensiones (la individual o en pareja) se realizó el tratamiento; después de ello, resultará necesario determinar si existió o no consentimiento de la persona que no aportó material genético, pues ello constituirá uno de los elementos para integrar la filiación de un hijo nacido bajo esa técnica de reproducción asistida. Hecho lo anterior, el operador jurídico tendrá elementos para fijar las consecuencias jurídicas del acto, las cuales deberán ser asumidas, precisamente, bajo la doble connotación mencionada y tomando en cuenta que la mejor decisión será aquella que atienda al interés superior del menor.

7. 3. Causal de divorcio

El artículo 267 del Código Civil del Distrito Federal, en su fracción XX establece como causal de divorcio la siguiente:

"El empleo de métodos de fecundación asistida, realizada sin el consentimiento de su cónyuge".

El anterior artículo tiene relación con lo dispuesto en los

numerales 146 y 162 del citado Código, en virtud de que el acto de procreación, debe ser un acto consensuado entre los cónyuges, razón por la cual, si uno de los cónyuges no fue consultado al respecto, la ley le permite ejercitar la acción de divorcio.

Inclusive, el artículo 466 de la Ley General de Salud dispone, que "Al que sin consentimiento de una mujer o aun con su consentimiento, si ésta fuere menor o incapaz, realice en ella inseminación artificial, se le aplicará prisión de uno a tres años, si no se produce el embarazo como resultado de la inseminación; si resulta embarazo, se impondrá prisión de dos a ocho años".

Sin embargo, consideramos que dicho precepto normativo, puede ser discutible ética, religiosa y moralmente, pues si bien es cierto, la ley tutela la libertad de los cónyuges a decidir cuándo y cómo procrean, también lo es, que se deja sin protección alguna, al producto de la fecundación, lo que significa, dejar a un futuro niño con una familia disuelta, en contravención a las diversas disposiciones jurídicas de orden nacional e internacional que protegen a la infancia.

Por otra parte, la ambigüedad en la cual esta reglamentada dicha causal de divorcio, deja deficientemente reglamentado, cual es la situación de estado familiar que guarda el menor producto de la fecundación asistida, junto con su padre formal, entendiendo por éste al actor que sin externar su consentimiento para la reproducción asistida, acuda al Juez de lo Familiar a ejercitar la acción de divorcio en contra de la esposa que empleo las técnicas de procreación asistida.

7. 4. Reproducción asistida y parentesco

El artículo 293 del Código Civil del Distrito Federal, amplía la descripción del parentesco familiar, en los siguientes términos:

El parentesco por consanguinidad es el vínculo entre las personas que descienden de un tronco común.

También se da parentesco por consanguinidad, en el hijo producto de la reproducción asistida y de quienes la consientan.

Con dicha prescripción se sobreentiende el desconocimiento legal de la paternidad y filiación, entre el donador del esperma y el óvulo, con el producto de la fecundación asistida.

No pasa desapercibido, que en el Juicio de Amparo 553/2018, la Suprema Corte de Justicia mexicana determinó que el artículo 4° de la Constitución Federal, constituye el fundamento de una relación filial entre los padres y el hijo nacido mediante alguna técnica de reproducción asistida, lo cual impedirá que posteriormente, alguno de los padres pueda entablar una acción de impugnación respecto de su paternidad, desconociendo así sus decisiones previas, es decir, la manifestación de la voluntad que realizaron para consentir dicho procedimiento médico, a fin de concebir un hijo.

En el juicio de amparo 852/2017, la Primera Sala de la Suprema Corte, ha sostenido que la tendencia debe ser que la filiación jurídica coincida con la filiación biológica; no obstante, también ha reconocido que no siempre es posible que exista esa coincidencia, ya sea por la realidad del supuesto de hecho en que la persona se encuentra, o porque el ordenamiento jurídico hace prevalecer otros intereses que considera jurídicamente relevantes, como lo son, entre otros supuestos, los casos de adopción o de procreaciones asistidas con donación de gametos, en los que la filiación jurídica se constituye sin que exista el vínculo biológico.

Se dijo que la filiación se trata de un derecho fundamental y uno de los atributos de la personalidad, que se encuentra indisolublemente ligada al nombre, al estado civil de las personas, al reconocimiento de su personalidad jurídica, de su nacionalidad, etcétera; de manera que participa de la misma naturaleza y es inseparable de la identidad.

La Suprema Corte de Justicia mexicana, ha considerado que no existen diferencias entre la filiación matrimonial y la extramatrimonial; también le ha dado énfasis a la realidad social, de quien tenga la "posesión de estado".

Finalmente el criterio jurídico establecido en la filiación obtenida por técnicas de reproducción asistida, debe tomarse en cuenta, la "voluntad procreacional", el deseo de asumir a un hijo como propio aunque biológicamente no lo sea; así como el reconocimiento voluntario de estem ante el Registro Civil.

7. 5. Fecundación asistida y reconocimiento de la paternidad

Los padres que consientan la reproducción asistida, con la donación del esperma a cargo de una tercera persona, no podrán en ningún momento ejercitar acción de desconocimiento de la paternidad, lo anterior, de conformidad al segundo párrafo del artículo 326 del Código Civil del Distrito Federal, que dispone:

Tampoco podrá impugnar la paternidad de los hijos que durante el matrimonio conciba su cónyuge mediante técnicas de fecundación asistida, si hubo consentimiento expreso de tales métodos.

Sin embargo, dicha disposición queda deficientemente regulada, al no especificarse de que forma debe extenderse ese "consentimiento expreso", máxime aún, cuando dicho enunciado jurídico, se utiliza también en la fecundación posmortem.

En el caso del Estado de México, el artículo 4.116 aclara, que ese consentimiento expreso, debe ser otorgado judicialmente.

Por otra parte, el artículo 4.115 del Código Civil del Estado de México, señala que "En los casos en que la inseminación artificial se efectué con esperma proveniente de bancos o instituciones legalmente autorizadas, no se dará a conocer el nombre del donante ni habrá lugar a investigación de la paternidad".

Cabe señalar que el criterio judicial vertido por la Suprema Corte de Justicia mexicana, en el Juicio de Amparo 553/2018, determinó que existen diversas figuras que permiten el establecimiento de la filiación legal, sin que se haya acreditado un vínculo biológico; por ello, las reglas establecidas en los códigos civiles no forman un sistema simple que establezcan la filiación extrajudicial o judicialmente, a través de la procreación o la adopción, ni tampoco tutelan únicamente el principio de realidad biológica, ya que el objetivo que dicho sistema persigue es la protección de la estabilidad familiar e identidades filiatorias consolidadas, así como la permisión de que ciertas personas que no tengan un vínculo biológico con un menor, se hagan cargo de él y cumplan con las necesidades requeridas para su desarrollo en atención a las exigencias del interés superior de la infancia.

Ahora bien, no debe perderse de vista que el reconocimiento de la paternidad, opera en tres modalidades, ya sea por disposición legal, por reconocimiento voluntario en las oficinas del Registro Civil y por la vía contenciosa cuando esta se reclame judicialmente.

En el caso del segundo supuesto, es decir del reconocimiento voluntario, las autoridades administrativas del Registro Civil, no están facultades para poner en duda la paternidad; toda vez que dicha Institución se rige por el principio de buena fe en lo concerniente a los actos registrales sobre el estado civil de las personas, por lo cual sus oficiales, no podrán hacer indagatorias o hacer señalamientos directos o indirectos sobre la paternidad de persona alguna, ya que para proceder al registro, el requisito que impera es presentar su certificado de nacimiento.

En conclusión, es factible establecer la filiación del hijo nacido mediante el uso de alguna de las técnicas de reproducción asistida, a través de las figuras del reconocimiento, o bien de presunción de paternidad o maternidad, sin que para ello sea necesaria la existencia de un vínculo biológico con el menor

7. 6. Matrimonios homoparentales y fecundación asistida e Interés Superior del Menor.

La Suprema Corte de Justicia mexicana, en las ejecutorias de amparo 553/2018 y 852/2017, se le reconoce a los matrimonios entre personas del mismo sexo, el derecho a acudir a técnicas de reproducción asistida para convertirse en padres y que la filiación del producto se establezca en relación con ambos cónyuges.

Así las cosas, el niño concebido a través de la técnica de maternidad subrogada y que en dicho procedimiento, uno de los cónyuges aportó la célula masculina, por tanto, sí existía el vínculo biológico, pero sólo con uno de los padres. respecto al parentesco con el otro padre, es decir, con quien no había aportado el gameto masculino, la Corte mexicana señaló que lo procedente era establecer la filiación también para este padre, especificando que la filiación con el cónyuge que donó el esperma resultaba del lazo genético, y en lo relativo al otro cónyuge, la filiación se derivaba de la voluntad procreacional, además del acto de reconocimiento efectuado al pretender su registro en la oficina correspondiente; considerando que el lazo de consanguinidad no es forzoso.

Asimismo, se indicó que conforme al principio del interés superior del menor, lo más conveniente era que éste fuera cuidado por las personas que desearan hacerse cargo de él y que así lo hicieron desde su nacimiento; toda vez que el niño debía tener acceso a todos los derechos que derivan de la filiación, como lo son aquellos de carácter alimentario, sucesorio, de cuidado, educación y afecto, y con ello garantizar además, su derecho a la identidad y a ser inscrito en el Registro Civil, sin perjuicio de que en su momento, éste pueda acceder al conocimiento de su origen biológico. Máxime que el Interés Superior del Menor es el principio reconocido en los artículos 4° constitucional y 3 de la Convención sobre los Derechos del Niño, conforme al cual en todas las decisiones y actuaciones del Estado en las que se vean involucrados menores de edad se dará prioridad a los derechos de éstos.

7.7. Fecundación Posmortem

El Código Civil del Distrito Federal permite en el artículo 327 la fecundación posmortem, en los siguientes términos:

Las cuestiones relativas a la paternidad del hijo nacido después de trescientos días de la disolución del matrimonio podrán promoverse, de conformidad con lo previsto en este código, en cualquier tiempo por la persona a quien perjudique la filiación; pero esta acción no prosperará, si el cónyuge consistió expresamente en el uso de los métodos de fecundación asistida a su cónyuge.

Definitivamente, dicha disposición normativa adolece de una deficiencia legislativa, toda vez que de una interpretación exégetica al Código Civil, se entiende por consentimiento expreso, el que se señala en el artículo 1803 del citado Código, como aquél que se "manifiesta verbalmente, por escrito o por signos inequívocos".

Derivado de lo anterior, puede uno de los cónyuges procrear asistidamente, basándose en la manifestación verbal, escrita o por signos inequívocos, que puede hacer uno de los cónyuges en vida, lo que generaría una serie de conflictos judiciales, ante la ineficiencia del legislador, al no señalar concretamente, mediante que forma legal debe extenderse ese consentimiento expreso, siendo la forma recomendable, la escritura pública, un juicio de jurisdicción voluntaria, o bien, una disposición testamentaria que así lo señalara.

Por otra parte, incurre nuevamente el legislador ante otra deficiencia aberrante, al no señalarse término mediante el cual, la cónyuge supertiste pueda hacer valer su derecho de fecundar con los espermas del cuius, pues deja abierta que lo pueda hacer en cualquier tiempo, lo que significaría también, inseguridad jurídica en el derecho sucesorio. Pues dicha disposición normativa, en vez de conceder un derecho a la procreación, esta generando una inseguridad jurídica a la sociedad, especialmente a la familia y a los menores productos de la reproducción asistida.

Dicho precepto legal, debe prescribir que el consentimiento sea manifestado ante una forma legal, que no sea ni la verbal, ni por signos inequívocos, ni por escritura privada; debiendo señalar como plazo para ejercitar éste derecho a la cónyuge supertiste, un término de seis meses a partir de la muerte del difunto, para no dejar en estado de indefensión al menor, por lo que respecta a los derechos derivados del parentesco de su padre.

CONCLUSIONES

PRIMERO.- La reproducción humana puede ser natural o artificial. La primera de ellas es la unión íntima sexual de hombre y mujer, mientras que en la segunda, no existe coito alguno, sino la intervención de terceras personas, que mediante técnicas científicas, logran la fecundación, ya sea dentro de la matriz de la madre o fuera de ella, en vitro.

SEGUNDO.- La reproducción humana asistida, es la creación de un ser humano, que se obtiene mediante la participación de terceras personas y empleo de técnicas permitidas legalmente.

TERCERO.- La reglamentación de la fecundación humana asistida, no escapa de valoraciones y consideraciones de carácter moral, ético, político, religioso, e inclusive hasta de carácter jurídico, al no existir todavía consenso alguno, sobre la naturaleza científica y religiosa sobre una célula fecundada, un preembrión y embrión humano. Lo que se refleja sin duda alguna, en la titubeante postura del derecho de reglamentar la materia concretamente.

No obstante caben interpretaciones emitidas por la Corte Interamericana de Derechos Humanos y por la Corte Constitucional de Colombia, en el sentido de que el nasciturus no es persona y por ende, no debe considerársele a este, como titular de un derecho a la vida.

Del mismo modo, respecto a la cuestión de determinar en qué momento un embrión tiene derecho a la vida humana, la Corte Constitucional de Colombia determinó, no tener facultad para poder responder a esa cuestión.

CUARTO.- Entre las dificultades jurídicas que existe para regular la fecundación humana asistida, se encuentra la descripción de la naturaleza jurídica del esperma y del óvulo, si se tratan de derechos reales o personales, si son cosas o personas; la situación jurídica respecto al "donante" del "material biológica", el parentesco, la filiación; así como la intervención del Estado en la prestación del servicio de reproducción asistida, entre otros temas más.

Lo que queda respondido sin duda alguna, es que los gametos no son personas y por ende, no gozan estos de derechos a la protección jurídica a la vida.

QUINTO.- La reproducción humana artificial puede lograrse

mediante tres técnicas: la inseminación artificial en sentido estricto, la fecundación in vitro (o en cristal) y la denominada, clonación. Estas a su vez, pueden producir como formas de la gestación del ser concebido, la fecundación posmortem o la maternidad sustituta.

SEXTO.- Los principales efectos jurídicos que produce la fecundación humana artificial, serían en las relaciones jurídicas derivadas del estado familiar.

SÉPTIMO.- Entre las tendencias jurídicas de la regulación normativa de la fecundación artificial, se encuentran la necesidad de regular la reproducción humana asistida, su utilización únicamente para fines de procreación y para mujeres o parejas estériles, el deber de información y confidencialidad tanto a los padres que deseen procrear, como de los donadores portadores del "material biológico", la reafirmación de la filiación existente en el Código Civil desconociéndose cualquier otra, la organización de los bancos de gametos y preembriones, con tiempos máximos de crioconservación, la permisión restringida de la fecundación posmortem, así como la prohibición de la maternidad subrogada.

OCTAVO.- El Código Civil del Distrito Federal vigente, regula deficientemente la fecundación asistida, al establecerse sin justa causa, el empleo de técnicas de reproducción asistida sin el consentimiento del cónyuge como causal de divorcio en agravio al ser fecundado. De igual forma, hace lo mismo al no reglamentarse adecuadamente, las formas mediante las cuales se deba dar el consentimiento expreso para la utilización de las técnicas de reproducción asistida; así como la falta de términos a partir de la muerte del cuius, para que la cónyuge supertiste, fecunde posmortem.

ANEXOS

1. **ESPAÑA**

LEY 14/2006, DE 26 DE MAYO,

SOBRE TÉCNICAS DE REPRODUCCIÓN HUMANA ASISTIDA.

JUAN CARLOS I REY DE ESPAÑA A todos los que la presente vieren y entendieren. Sabed: Que las Cortes Generales han aprobado y Yo vengo en sancionar la siguiente ley.

CAPÍTULO I

Disposiciones generales

Artículo 1. Objeto y ámbito de aplicación de la Ley.

1. Esta Ley tiene por objeto:

a) Regular la aplicación de las técnicas de reproducción humana asistida acreditadas científicamente y clínicamente indicadas.

b) Regular la aplicación de las técnicas de reproducción humana asistida en la

prevención y tratamiento de enfermedades de origen genético, siempre que existan las garantías diagnósticas y terapéuticas suficientes y sean debidamente autorizadas en los términos previstos en esta Ley.

c) La regulación de los supuestos y requisitos de utilización de gametos y preembriones humanos crioconservados.

2. A los efectos de esta Ley se entiende por preembrión el embrión in vitro constituido por el grupo de células resultantes de la división progresiva del ovocito desde que es fecundado hasta 14 días más tarde.

3. Se prohíbe la clonación en seres humanos con fines reproductivos.

Artículo 2. Técnicas de reproducción humana asistida.

1. Las técnicas de reproducción humana asistida que, conforme a lo que se determina en el artículo 1, reúnen las condiciones de acreditación científica y clínica son las relacionadas en el anexo.

2. La aplicación de cualquier otra técnica no relacionada en el anexo requerirá la

autorización de la autoridad sanitaria correspondiente, previo informe favorable de la Comisión Nacional de Reproducción Humana Asistida, para su práctica provisional y tutelada como técnica experimental.

3. El Gobierno, mediante real decreto y previo informe de la Comisión Nacional de

Reproducción Humana Asistida, podrá actualizar el anexo para su adaptación a los avances científicos y técnicos y para incorporar aquellas técnicas experimentales que hayan demostrado, mediante experiencia suficiente, reunir las condiciones de acreditación científica y clínica precisas para su aplicación generalizada.

Artículo 3. Condiciones personales de la aplicación de las técnicas.

1. Las técnicas de reproducción asistida se realizarán solamente cuando haya

posibilidades razonables de éxito, no supongan riesgo grave para la salud, física o psíquica, de la mujer o la posible descendencia y previa aceptación libre y consciente de su aplicación por parte de la mujer, que deberá haber sido anterior y debidamente informada de sus posibilidades de éxito, así como de sus riesgos y de las condiciones de dicha aplicación.

2. En el caso de la fecundación in vitro y técnicas afines, sólo se autoriza la transferencia de un máximo de tres preembriones en cada mujer en cada ciclo reproductivo.

3. La información y el asesoramiento sobre estas técnicas, que deberá realizarse tanto a quienes deseen recurrir a ellas como a quienes, en su caso, vayan a actuar como donantes, se extenderá a los aspectos biológicos, jurídicos y éticos de aquéllas, y deberá precisar igualmente la información relativa a las condiciones económicas del tratamiento. Incumbirá la obligación de que se proporcione dicha información en las condiciones adecuadas que faciliten su comprensión a los responsables de los equipos médicos que lleven a cabo su aplicación en los centros y servicios autorizados para su práctica.

4. La aceptación de la aplicación de las técnicas de reproducción asistida por cada mujer receptora de ellas quedará reflejada en un formulario de consentimiento informado en el que se hará mención expresa de todas las condiciones concretas de cada caso en que

se lleve a cabo su aplicación.

5. La mujer receptora de estas técnicas podrá pedir que se suspenda su aplicación en cualquier momento de su realización anterior a la transferencia embrionaria, y dicha petición deberá atenderse.

6. Todos los datos relativos a la utilización de estas técnicas deberán recogerse en

historias clínicas individuales, que deberán ser tratadas con las debidas garantías de confidencialidad respecto de la identidad de los donantes, de los datos y condiciones de los usuarios y de las circunstancias que concurran en el origen de los hijos así nacidos. No obstante, se tratará de mantener la máxima integración posible de la documentación clínica de la persona usuaria de las técnicas.

Artículo 4. Requisitos de los centros y servicios de reproducción asistida.

1. La práctica de cualquiera de las técnicas de reproducción asistida sólo se podrá llevar a cabo en centros o servicios sanitarios debidamente autorizados para ello por la autoridad sanitaria correspondiente. Dicha autorización especificará las técnicas cuya aplicación se autoriza en cada caso.

2. La autorización de un centro o servicio sanitario para la práctica de las técnicas de reproducción asistida exigirá el cumplimiento de los requisitos y condiciones establecidos en el capítulo V de esta Ley y demás normativa vigente, en especial, la dirigida a garantizar la accesibilidad de las personas con discapacidad.

CAPÍTULO II

Participantes en las técnicas de reproducción asistida

Artículo 5. Donantes y contratos de donación.

1. La donación de gametos y preembriones para las finalidades autorizadas por esta Ley es un contrato gratuito, formal y confidencial concertado entre el donante y el centro autorizado.

2. La donación sólo será revocable cuando el donante precisase para sí los gametos donados, siempre que en la fecha de la revocación aquéllos estén disponibles. A la revocación procederá la devolución por el donante de los gastos de todo tipo originados al centro receptor.

3. La donación nunca tendrá carácter lucrativo o comercial. La compensación económica resarcitoria que se pueda fijar sólo podrá compensar estrictamente las molestias físicas y los gastos de desplazamiento y laborales que se puedan derivar de la donación y no podrá suponer incentivo económico para ésta.

Cualquier actividad de publicidad o promoción por parte de centros autorizados que

incentive la donación de células y tejidos humanos deberá respetar el carácter altruista de aquélla, no pudiendo, en ningún caso, alentar la donación mediante la oferta de compensaciones o beneficios económicos.

El Ministerio de Sanidad y Consumo, previo informe de la Comisión Nacional de

Reproducción Humana Asistida, fijará periódicamente las condiciones básicas que

garanticen el respeto al carácter gratuito de la donación.

4. El contrato se formalizará por escrito entre los donantes y el centro autorizado. Antes de la formalización, los donantes habrán de ser informados de los fines y consecuencias del acto. La información y el consentimiento deberán efectuarse en formatos adecuados, siguiendo las reglas marcadas por el principio del diseño para todos, de manera que resulten accesibles y comprensibles a las personas con discapacidad.

5. La donación será anónima y deberá garantizarse la confidencialidad de los datos de identidad de los donantes por los bancos de gametos, así como, en su caso, por los registros de donantes y de actividad de los centros que se constituyan.

Los hijos nacidos tienen derecho por sí o por sus representantes legales a obtener

información general de los donantes que no incluya su identidad. Igual derecho corresponde a las receptoras de los gametos y de los preembriones.

Sólo excepcionalmente, en circunstancias extraordinarias que comporten un peligro

cierto para la vida o la salud del hijo o cuando proceda con arreglo a las Leyes procesales penales, podrá revelarse la identidad de los donantes, siempre que dicha revelación sea indispensable para evitar el peligro o para conseguir el fin legal propuesto. Dicha revelación tendrá carácter restringido y no implicará en ningún caso publicidad de la identidad de los donantes.

6. Los donantes deberán tener más de 18 años, buen estado de salud psicofísica y plena capacidad de obrar. Su estado psicofísico deberá cumplir las exigencias de un protocolo obligatorio de estudio de los donantes que incluirá sus características fenotípicas y psicológicas, así como las condiciones clínicas y determinaciones analíticas necesarias para demostrar, según el estado de los conocimientos de la ciencia y de la técnica existentes en el momento de su realización, que los donantes no padecen enfermedades genéticas, hereditarias o infecciosas transmisibles a la descendencia. Estas mismas condiciones serán aplicables a las muestras de donantes procedentes de otros países; en este caso, los responsables del centro remisor correspondiente deberán acreditar el cumplimiento de todas aquellas condiciones y pruebas cuya determinación no se pueda practicar en las muestras enviadas a su recepción. En todo caso, los centros autorizados podrán rechazar la donación cuando las condiciones psicofísicas del donante no sean las adecuadas.

7. El número máximo autorizado de hijos nacidos en España que hubieran sido

generados con gametos de un mismo donante no deberá ser superior a seis. A los efectos del mantenimiento efectivo de ese límite, los donantes deberán declarar en cada donación si han realizado otras previas, así como las condiciones de éstas, e indicar el momento y el centro en el que se hubieran realizado dichas donaciones.

Será responsabilidad de cada centro o servicio que utilice gametos de donantes

comprobar de manera fehaciente la identidad de los donantes, así como, en su caso, las consecuencias de las donaciones anteriores realizadas en cuanto a la generación de hijos nacidos previamente. Si se acreditase que el número de éstos superaba el límite establecido, se procederá a la destrucción de las muestras procedentes de ese donante.

A partir de la entrada en funcionamiento del Registro nacional de donantes a que se

refiere el artículo 21, la comprobación de dichos datos podrá hacerse mediante consulta al registro correspondiente.

8. Las disposiciones de este artículo serán de aplicación a los supuestos de donación de gametos sobrantes no utilizados en la reproducción de la propia pareja para la reproducción de personas ajenas a ella.

Artículo 6. Usuarios de las técnicas.

1. Toda mujer mayor de 18 años y con plena capacidad de obrar podrá ser receptora o usuaria de las técnicas reguladas en esta Ley, siempre que haya prestado su consentimiento escrito a su utilización de manera libre, consciente y expresa.

La mujer podrá ser usuaria o receptora de las técnicas reguladas en esta Ley con

independencia de su estado civil y orientación sexual.

2. Entre la información proporcionada a la mujer, de manera previa a la firma de su

consentimiento, para la aplicación de estas técnicas se incluirá, en todo caso, la de los posibles riesgos, para ella misma durante el tratamiento y el embarazo y para la

descendencia, que se puedan derivar de la maternidad a una edad clínicamente inadecuada.

3. Si la mujer estuviera casada, se precisará, además, el consentimiento de su marido, a menos que estuvieran separados legalmente o de hecho y así conste de manera fehaciente.

El consentimiento del cónyuge, prestado antes de la utilización de las técnicas, deberá reunir idénticos requisitos de expresión libre, consciente y formal.

4. La información y el consentimiento a que se refieren los apartados anteriores deberán realizarse en formatos adecuados,

siguiendo las reglas marcadas por el principio del diseño para todos, de manera que resulten accesibles y comprensibles a las personas con discapacidad.

5. En la aplicación de las técnicas de reproducción asistida, la elección del donante de semen sólo podrá realizarse por el equipo médico que aplica la técnica, que deberá preservar las condiciones de anonimato de la donación. En ningún caso podrá seleccionarse personalmente el donante a petición de la receptora. En todo caso, el equipo médico correspondiente deberá procurar garantizar la mayor similitud fenotípica e inmunológica posible de las muestras disponibles con la mujer receptora.

Artículo 7. Filiación de los hijos nacidos mediante técnicas de reproducción asistida.

1. La filiación de los nacidos con las técnicas de reproducción asistida se regulará por las Leyes civiles, a salvo de las especificaciones establecidas en los tres siguientes artículos.

2. En ningún caso, la inscripción en el Registro Civil reflejará datos de los que se pueda inferir el carácter de la generación.

3. Cuando la mujer estuviere casada, y no separada legalmente o de hecho, con otra mujer, esta última podrá manifestar conforme a lo dispuesto en la Ley del Registro Civil que consiente en que se determine a su favor la filiación respecto al hijo nacido de su cónyuge.

Artículo 8. Determinación legal de la filiación.

1. Ni la mujer progenitora ni el marido, cuando hayan prestado su consentimiento formal, previo y expreso a determinada fecundación con contribución de donante o donantes, podrán impugnar la filiación matrimonial del hijo nacido como consecuencia de tal fecundación.

2. Se considera escrito indubitado a los efectos previstos en el apartado 8 del artículo 44 de la Ley 20/2011, de 21 de julio, del Registro Civil el documento extendido ante el centro o servicio autorizado en el que se refleje el consentimiento a la fecundación con contribución de donante prestado por varón no casado con anterioridad a la utilización de las técnicas. Queda a salvo la reclamación judicial de paternidad. 3. La revelación de la identidad

del donante en los supuestos en que proceda conforme al artículo 5.5 de esta Ley no implica en ningún caso determinación legal de la filiación.

Artículo 9. Premoriencia del marido.

1. No podrá determinarse legalmente la filiación ni reconocerse efecto o relación jurídica alguna entre el hijo nacido por la aplicación de las técnicas reguladas en esta Ley y el marido fallecido cuando el material reproductor de éste no se halle en el útero de la mujer en la fecha de la muerte del varón.

2. No obstante lo dispuesto en el apartado anterior, el marido podrá prestar su consentimiento, en el documento a que se hace referencia en el artículo 6.3, en escritura pública, en testamento o documento de instrucciones previas, para que su material reproductor pueda ser utilizado en los 12 meses siguientes a su fallecimiento para fecundar a su mujer. Tal generación producirá los efectos legales que se derivan de la filiación matrimonial. El consentimiento para la aplicación de las técnicas en dichas circunstancias podrá ser revocado en cualquier momento anterior a la realización de aquéllas. Se presume otorgado el consentimiento a que se refiere el párrafo anterior cuando el cónyuge supérstite hubiera estado sometido a un proceso de reproducción asistida ya iniciado para la transferencia de preembriones constituidos con anterioridad al fallecimiento del marido.

3. El varón no unido por vínculo matrimonial podrá hacer uso de la posibilidad prevista en el apartado anterior; dicho consentimiento servirá como título para iniciar el expediente del apartado 8 del artículo 44 de la Ley 20/2011, de 21 de julio, del Registro Civil, sin perjuicio de la acción judicial de reclamación de paternidad.

Artículo 10. Gestación por sustitución.

1. Será nulo de pleno derecho el contrato por el que se convenga la gestación, con o sin precio, a cargo de una mujer que renuncia a la filiación materna a favor del contratante o de un tercero.

2. La filiación de los hijos nacidos por gestación de sustitución será determinada por el parto. 3. Queda a salvo la posible acción de reclamación de la paternidad respecto del padre biológico, conforme a las reglas generales.

CAPÍTULO III

Crioconservación y otras técnicas coadyuvantes de las de reproducción asistida

Artículo 11. Crioconservación de gametos y preembriones.

1. El semen podrá crioconservarse en bancos de gametos autorizados durante la vida del varón de quien procede.

2. La utilización de ovocitos y tejido ovárico crioconservados requerirá previa autorización de la autoridad sanitaria correspondiente.

3. Los preembriones sobrantes de la aplicación de las técnicas de fecundación in vitro que no sean transferidos a la mujer en un ciclo reproductivo podrán ser crioconservados en los bancos autorizados para ello. La crioconservación de los ovocitos, del tejido ovárico y de los preembriones sobrantes se podrá prolongar hasta el momento en que se considere por los responsables médicos, con el dictamen favorable de especialistas independientes y ajenos al centro correspondiente, que la receptora no reúne los requisitos clínicamente adecuados para la práctica de la técnica de reproducción asistida.

4. Los diferentes destinos posibles que podrán darse a los preembriones crioconservados, así como, en los casos que proceda, al semen, ovocitos y tejido ovárico crioconservados, son:
a) Su utilización por la propia mujer o su cónyuge.

b) La donación con fines reproductivos.

c) La donación con fines de investigación.

d) El cese de su conservación sin otra utilización. En el caso de los preembriones y los ovocitos crioconservados, esta última opción sólo será aplicable una vez finalizado el plazo máximo de conservación establecido en esta Ley sin que se haya optado por alguno de los destinos mencionados en los apartados anteriores.

5. La utilización de los preembriones o, en su caso, del semen, los ovocitos o el tejido ovárico crioconservados, para cualquiera de los fines citados, requerirá del consentimiento informado correspondiente debidamente acreditado. En el caso de los

preembriones, el consentimiento deberá haber sido prestado por la mujer o, en el caso de la mujer casada con un hombre, también por el marido, con anterioridad a la generación de los preembriones.

6. El consentimiento para dar a los preembriones o gametos crioconservados cualquiera de los destinos citados podrá ser modificado en cualquier momento anterior a su aplicación.

En el caso de los preembriones, cada dos años, como mínimo, se solicitará de la mujer o de la pareja progenitora la renovación o modificación del consentimiento firmado previamente. Si durante dos renovaciones consecutivas fuera imposible obtener de la mujer o de la pareja progenitora la firma del consentimiento correspondiente, y se pudieran demostrar de manera fehaciente las actuaciones llevadas a cabo con el fin de obtener dicha renovación sin obtener la respuesta requerida, los preembriones quedarán a disposición de los centros en los que se encuentren crioconservados, que podrán destinarlos conforme a su criterio a cualquiera de los fines citados, manteniendo las exigencias de confidencialidad y anonimato establecidas y la gratuidad y ausencia de ánimo de lucro.

Con anterioridad a la prestación del consentimiento, se deberá informar a la pareja progenitora o a la mujer, en su caso, de lo previsto en los párrafos anteriores de este apartado.

7. La información y el consentimiento a que se refieren los apartados anteriores deberán realizarse en formatos adecuados, siguiendo las reglas marcadas por el principio del diseño para todos, de manera que resulten accesibles y comprensibles a las personas con discapacidad.

8. Los centros de fecundación in vitro que procedan a la crioconservación de gametos o preembriones humanos de acuerdo con lo establecido en este artículo deberán disponer de un seguro o garantía financiera equivalente que asegure su solvencia, en los términos que se fijen reglamentariamente, para compensar económicamente a las parejas en el supuesto

de que se produjera un accidente que afecte a su crioconservación, siempre que, en el caso de los preembriones crioconservados, se hayan cumplido los procedimientos y plazos de renovación del consentimiento informado correspondiente.

Artículo 12. Diagnóstico preimplantacional.

1. Los centros debidamente autorizados podrán practicar técnicas de diagnóstico

preimplantacional para:

a) La detección de enfermedades hereditarias graves, de aparición precoz y no susceptibles de tratamiento curativo posnatal con arreglo a los conocimientos científicos actuales, con objeto de llevar a cabo la selección embrionaria de los preembriones no afectos para su transferencia.

b) La detección de otras alteraciones que puedan comprometer la viabilidad del preembrión.

La aplicación de las técnicas de diagnóstico preimplantacional en estos casos deberá comunicarse a la autoridad sanitaria correspondiente, que informará de ella a la Comisión Nacional de Reproducción Humana Asistida.

2. La aplicación de técnicas de diagnóstico preimplantacional para cualquiera otra finalidad no comprendida en el apartado anterior, o cuando se pretendan practicar en combinación con la determinación de los antígenos de histocompatibilidad de los preembriones in vitro con fines terapéuticos para terceros, requerirá de la autorización expresa, caso a caso, de la autoridad sanitaria correspondiente, previo informe favorable de la Comisión Nacional de Reproducción Humana Asistida, que deberá evaluar las características clínicas, terapéuticas y sociales de cada caso.

Artículo 13. Técnicas terapéuticas en el preembrión.

1. Cualquier intervención con fines terapéuticos sobre el preembrión vivo in vitro sólo podrá tener la finalidad de tratar una enfermedad o impedir su transmisión, con garantías razonables y contrastadas.

2. La terapia que se realice en preembriones in vitro sólo se autorizará si se cumplen los siguientes requisitos:

a) Que la pareja o, en su caso, la mujer sola haya sido debidamente informada sobre los procedimientos, pruebas diagnósticas, posibilidades y riesgos de la terapia propuesta y las hayan aceptado previamente.

b) Que se trate de patologías con un diagnóstico preciso, de pronóstico grave o muy grave, y que ofrezcan posibilidades razonables de mejoría o curación.

c) Que no se modifiquen los caracteres hereditarios no patológicos ni se busque la selección de los individuos o de la raza.

d) Que se realice en centros sanitarios autorizados y por equipos cualificados y dotados de los medios necesarios, conforme se determine mediante real decreto.

3. La realización de estas prácticas en cada caso requerirá de la autorización de la autoridad sanitaria correspondiente, previo informe favorable de la Comisión Nacional de Reproducción Humana Asistida.

CAPÍTULO IV

Investigación con gametos y preembriones humanos

Artículo 14. Utilización de gametos con fines de investigación.

1. Los gametos podrán utilizarse de manera independiente con fines de investigación.

2. Los gametos utilizados en investigación o experimentación no podrán utilizarse para su transferencia a la mujer ni para originar preembriones con fines de procreación.

Artículo 15. Utilización de preembriones con fines de investigación.

1. La investigación o experimentación con preembriones sobrantes procedentes de la aplicación de las técnicas de reproducción asistida sólo se autorizará si se atiene a los siguientes requisitos:

a) Que se cuente con el consentimiento escrito de la pareja o, en su caso, de la mujer, previa explicación pormenorizada de los fines que se persiguen con la investigación y sus implicaciones. Dichos consentimientos especificarán en todo caso la renuncia de la pareja o de la mujer, en su caso, a cualquier derecho de naturaleza dispositiva, económica o patrimonial sobre los resultados que pudieran derivarse de manera directa o indirecta de las investigaciones que se lleven a cabo. La información y el consentimiento deberán efectuarse en formatos adecuados, siguiendo las reglas marcadas por el principio del diseño para todos, de manera que resulten accesibles y comprensibles a las personas con discapacidad.

b) Que el preembrión no se haya desarrollado in vitro más allá de 14 días después de la fecundación del ovocito, descontando el tiempo en el que pueda haber estado

crioconservado.

c) En el caso de los proyectos de investigación relacionados con el desarrollo y

aplicación de las técnicas de reproducción asistida, que la investigación se realice en centros autorizados. En todo caso, los proyectos se llevarán a cabo por equipos científicos cualificados, bajo control y seguimiento de las autoridades sanitarias competentes.

d) Que se realicen con base en un proyecto debidamente presentado y autorizado por las autoridades sanitarias competentes, previo informe favorable de la Comisión Nacional de Reproducción Humana Asistida si se trata de proyectos de investigación relacionados con el desarrollo y aplicación de las técnicas de reproducción asistida, o del órgano competente si se trata de otros proyectos de investigación relacionados con la obtención, desarrollo y utilización de líneas celulares de células troncales embrionarias. el párrafo anterior deberán especificarse las relaciones e intereses comunes de cualquier naturaleza que pudieran existir entre el equipo y centro entre los que se realiza la cesión de preembriones. En estos casos deberán también mantenerse las condiciones establecidas de confidencialidad de los datos de los progenitores y la gratuidad y ausencia de ánimo de lucro.

2. Una vez terminado el proyecto, la autoridad que concedió la autorización deberá dar traslado del resultado de la experimentación a la Comisión Nacional de Reproducción Humana Asistida y, en su caso, al órgano competente que lo informó.

Artículo 16. Conservación y utilización de los preembriones para investigación.

1. Los preembriones crioconservados sobrantes respecto de los que exista el consentimiento de la pareja progenitora o, en su caso,

la mujer para su utilización con fines de investigación se conservarán, al igual que aquellos otros para los que se haya consentido en otros destinos posibles, en los bancos de preembriones de los centros de reproducción asistida correspondientes.

2. La utilización efectiva del preembrión con fines de investigación en un proyecto

concreto en el propio centro de reproducción asistida, o su traslado a otro centro en el que se vaya a utilizar en un proyecto concreto de investigación, requerirá del consentimiento expreso de la pareja o, en su caso, de la mujer responsable del preembrión para su utilización en ese proyecto, previa información pormenorizada y comprensión por los interesados de los fines de esa investigación, sus fases y plazos, la especificación de su restricción al ámbito básico o su extensión al ámbito clínico de aplicación, así como de sus consecuencias posibles. Si no se contase con el consentimiento expreso para la utilización en un proyecto concreto de investigación, deberá recabarse en todo caso antes de su cesión a ese fin, salvo en el caso de la ausencia de renovación del consentimiento previsto en el artículo 11.6.

CAPÍTULO V

Centros sanitarios y equipos biomédicos

Artículo 17. Calificación y autorización de los centros de reproducción asistida.

Todos los centros o servicios en los que se realicen las técnicas de reproducción asistida, o sus derivaciones, así como los bancos de gametos y preembriones, tendrán la consideración de centros y servicios sanitarios. Se regirán por lo dispuesto en la Ley 14/1986, de 25 de abril, General de Sanidad, en la normativa que la desarrolla o en la de las Administraciones públicas con competencias en materia sanitaria, y precisarán para la práctica de las técnicas de reproducción asistida de la correspondiente autorización específica.

Artículo 18. Condiciones de funcionamiento de los centros y equipos.

1. Los equipos biomédicos que trabajen en estos centros o servicios sanitarios deberán estar especialmente cualificados para realizar las técnicas de reproducción asistida, sus aplicaciones complementarias o sus derivaciones científicas y contarán para ello con el equipamiento y los medios necesarios, que se determinarán mediante real decreto. Actuarán interdisciplinariamente, y el director del centro o servicio del que dependen será el responsable directo de sus actuaciones.

2. Los equipos biomédicos y la dirección de los centros o servicios en que trabajan incurrirán en las responsabilidades que legalmente correspondan si violan el secreto de la identidad de los donantes, si realizan mala práctica con las técnicas de reproducción asistida o los materiales biológicos correspondientes o si, por omitir la información o los estudios establecidos, se lesionan los intereses de donantes o usuarios o se transmiten a los descendientes enfermedades congénitas o hereditarias, evitables con aquella información y estudio previos.

3. Los equipos médicos recogerán en una historia clínica, custodiada con la debida protección y confidencialidad, todas las referencias sobre los donantes y usuarios, así como los consentimientos firmados para la realización de la donación o de las técnicas. Los datos de las historias clínicas, excepto la identidad de los donantes, deberán ser puestos a disposición de la receptora y de su pareja, o del hijo nacido por estas técnicas o de sus representantes legales cuando llegue a su mayoría de edad, si así lo solicitan.

4. Los equipos biomédicos deberán realizar a los donantes y a las receptoras cuantos estudios estén establecidos reglamentariamente, y deberán cumplimentar igualmente los protocolos de información sobre las condiciones de los donantes o la actividad de los centros de reproducción asistida que se establezcan.

Artículo 19. Auditorías de funcionamiento.

Los centros de reproducción humana asistida se someterán con la periodicidad que establezcan las autoridades sanitarias competentes a auditorías externas que evaluarán tanto los requisitos técnicos y legales como la información transmitida a las Comunidades Autónomas a los efectos registrales correspondientes y los resultados obtenidos en su práctica clínica.

CAPÍTULO VI

Comisión Nacional de Reproducción Humana Asistida

Artículo 20. Objeto, composición y funciones.

1. La Comisión Nacional de Reproducción Humana Asistida es el órgano colegiado, de carácter permanente y consultivo, dirigido a asesorar y orientar sobre la utilización de las técnicas de reproducción humana asistida, a contribuir a la actualización y difusión de los conocimientos científicos y técnicos en esta materia, así como a la elaboración de criterios funcionales y estructurales de los centros y servicios donde aquéllas se realizan.

2. Formarán parte de la Comisión Nacional de Reproducción Humana Asistida representantes designados por el Gobierno de la Nación, las comunidades autónomas, las distintas sociedades científicas y por entidades, corporaciones profesionales y asociaciones y grupos de representación de consumidores y usuarios, relacionados con los distintos aspectos científicos, jurídicos y éticos de la aplicación de estas técnicas.

3. Podrán recabar el informe o asesoramiento de la Comisión Nacional de Reproducción Humana Asistida los órganos de gobierno de la Administración General del Estado y de las comunidades autónomas, así como las comisiones homólogas que se puedan constituir en estas últimas. Los centros y servicios sanitarios en los que se apliquen las técnicas de reproducción asistida podrán igualmente solicitar el informe de la Comisión Nacional sobre cuestiones relacionadas con dicha aplicación. En este caso, el informe deberá solicitarse a través de la autoridad sanitaria que haya autorizado la aplicación de las técnicas de reproducción asistida por el centro o servicio correspondiente.

4. Será preceptivo el informe de la Comisión Nacional de Reproducción Humana Asistida en los siguientes supuestos:

a) Para la autorización de una técnica de reproducción humana asistida con carácter experimental, no recogida en el anexo.

b) Para la autorización ocasional para casos concretos y no previstos en esta Ley de las técnicas de diagnóstico preimplantacional, así como en los supuestos previstos en el artículo 12.2.

c) Para la autorización de prácticas terapéuticas previstas en el artículo 13.

d) Para la autorización de los proyectos de investigación en materia de reproducción asistida.

e) En el procedimiento de elaboración de disposiciones generales que versen sobre materias previstas en esta Ley o directamente relacionadas con la reproducción asistida.

f) En cualquier otro supuesto legal o reglamentariamente previsto

5. La Comisión Nacional de Reproducción Humana Asistida deberá ser informada, con una periodicidad al menos semestral, de las prácticas de diagnóstico preimplantacional que se lleven a cabo conforme a lo dispuesto en el artículo 12.1. Igualmente, con carácter anual deberá ser informada de los datos recogidos en los Registros nacionales de donantes y de actividad de los centros a los que se refieren los artículos 21 y 22.

6. Las comisiones homólogas que se constituyan en las Comunidades Autónomas tendrán la consideración de comisiones de soporte y referencia de la Comisión Nacional de Reproducción Humana Asistida y colaborarán con ésta en el ejercicio de sus funciones.

7. Los miembros de la Comisión Nacional de Reproducción Humana Asistida deberán efectuar una declaración de actividades e intereses y se abstendrán de tomar parte en las deliberaciones y en las votaciones en que tengan un interés directo o indirecto en el asunto examinado.

CAPÍTULO VII

Registros nacionales de reproducción asistida

Artículo 21. Registro nacional de donantes.

1. El Registro nacional de donantes, adscrito al Ministerio de Sanidad y Consumo, es aquel registro administrativo en el que se inscribirán los donantes de gametos y preembriones con fines de reproducción humana, con las garantías precisas de confidencialidad de los datos de aquéllos.

2. Este registro, cuyos datos se basarán en los que sean proporcionados por las comunidades autónomas en lo que se refiere a su ámbito territorial correspondiente, consignará también los hijos nacidos de cada uno de los donantes, la identidad de las parejas o mujeres receptoras y la localización original de unos y otros en el momento de la donación y de su utilización.

3. El Gobierno, previo informe del Consejo Interterritorial del Sistema Nacional de Salud y mediante real decreto, regulará la organización y funcionamiento del registro nacional.

Artículo 22. Registro nacional de actividad y resultados de los centros y servicios de reproducción asistida.

1. Con carácter asociado o independiente del registro anterior, el Gobierno, mediante real decreto y previo informe del Consejo Interterritorial del Sistema Nacional de Salud, regulará la constitución, organización y funcionamiento de un Registro de actividad de los centros y servicios de reproducción asistida. 2. El Registro de actividad de los centros y servicios de reproducción asistida deberá hacer públicos con periodicidad, al menos, anual los datos de actividad de los centros relativos al número de técnicas y procedimientos de diferente tipo para los que se encuentren autorizados, así como las tasas de éxito en términos reproductivos obtenidas por cada centro con cada técnica, y cualquier otro dato que se considere necesario para que por los usuarios de las técnicas de reproducción asistida se pueda valorar la calidad de la atención proporcionada por cada centro. El Registro de actividad de los centros y servicios de reproducción asistida recogerá también el número de preembriones crioconservados que se conserven, en su caso, en cada centro.

Artículo 23. Suministro de información.

Los centros en los que se practiquen técnicas de reproducción asistida están obligados a suministrar la información precisa, para su adecuado funcionamiento, a las autoridades encargadas de los registros regulados en los dos artículos anteriores

CAPÍTULO VIII Infracciones y sanciones

Artículo 24. Normas generales.

1. La potestad sancionadora regulada en esta Ley se ejercerá, en lo no previsto en ella, de conformidad con lo dispuesto en la Ley 30/1992, de 26 de noviembre, de Régimen Jurídico de las Administraciones Públicas y del Procedimiento Administrativo Común, y en la Ley 14/1986, de 25 de abril, General de Sanidad.

2. Las infracciones en materia de reproducción humana asistida serán objeto de las sanciones administrativas correspondientes, previa instrucción del oportuno expediente, sin perjuicio de las responsabilidades civiles, penales o de otro orden que puedan concurrir.

3. Cuando, a juicio de la Administración, la infracción pudiera ser constitutiva de delito o falta, el órgano administrativo dará traslado al Ministerio Fiscal y se abstendrá de proseguir el procedimiento sancionador mientras la autoridad judicial no se haya pronunciado.

La sanción penal excluirá la imposición de sanción administrativa. De no haberse estimado la existencia de delito, la Administración continuará el expediente sancionador tomando como base los hechos que los tribunales hayan considerado probados. Las medidas administrativas que hubieran sido adoptadas para salvaguardar el derecho a la protección de la salud y la seguridad de las personas se mantendrán en tanto la autoridad judicial se pronuncia sobre ellas. En ningún caso se impondrá una doble sanción por los mismos hechos y en función de los mismos intereses protegidos, si bien deberán exigirse las demás responsabilidades que se deduzcan de otros hechos o infracciones concurrentes.

4. En los procedimientos sancionadores por infracciones graves o muy graves se podrán adoptar, con arreglo a la de Régimen Jurídico de las Administraciones Públicas y del Procedimiento Administrativo Común, y sus normas de desarrollo, las medidas de carácter provisional previstas en dichas normas que se estimen necesarias para asegurar la eficacia de la resolución que definitivamente se dicte, el buen fin del procedimiento, evitar el mantenimiento de los efectos de la infracción y las exigencias de los intereses generales. En la adopción y cumplimiento de tales medidas se respetarán, en todo caso, las garantías, normas y procedimientos previstos en el ordenamiento jurídico para proteger los derechos a la intimidad personal y familiar y a la protección de los datos personales, cuando éstos pudieran resultar afectados. En los casos de urgencia y para la inmediata protección de los intereses implicados, las medidas provisionales previstas en este

apartado podrán ser acordadas antes de la iniciación del expediente sancionador. Las medidas deberán ser confirmadas, modificadas o levantadas en el acuerdo de iniciación del procedimiento, que deberá efectuarse dentro de los 15 días siguientes a su adopción, el cual podrá ser objeto del recurso que proceda. En todo caso, dichas medidas quedarán sin efecto si no se inicia el procedimiento sancionador en dicho plazo o cuando el acuerdo de iniciación no contenga un pronunciamiento expreso acerca de aquéllas. El órgano administrativo competente para resolver el procedimiento sancionador podrá imponer multas coercitivas por importe que no exceda de 1.000 euros por cada día que transcurra sin cumplir las medidas provisionales que hubieran sido acordadas. 5. Las infracciones muy graves prescribirán a los tres años; las graves, a los dos años, y las leves, a los seis meses. Las sanciones impuestas por faltas muy graves prescribirán a los tres años; las impuestas por faltas graves, a los dos años, y las impuestas por faltas leves, al año.

Artículo 25. Responsables.

De las diferentes infracciones será responsable su autor. Cuando el cumplimiento de las obligaciones previstas en esta Ley corresponda a varias personas conjuntamente, responderán de forma solidaria de las infracciones que se comentan y de las sanciones que se impongan De conformidad con lo previsto en el artículo 130.3 de la Ley 30/1992, de 26 de noviembre, los directores de los centros o servicios responderán solidariamente de las infracciones cometidas por los equipos biomédicos dependientes de aquéllos.

Artículo 26. Infracciones.

1. Las infracciones en materia de la aplicación de las técnicas de reproducción asistida se califican como leves, graves o muy graves. 2. Además de las previstas en la Ley 14/1986, de 25 de abril, General de Sanidad, y de las tipificadas en la legislación de las comunidades autónomas, se consideran como infracciones leves, graves y muy graves las siguientes: a) Es infracción leve el incumplimiento de cualquier obligación o la transgresión de cualquier prohibición establecida en esta Ley, siempre que no se encuentre expresamente tipificada como infracción grave o muy grave. b) Son infracciones graves: 1.ª La vulneración por los equipos de trabajo de sus obligaciones legales en el tratamiento a

los usuarios de estas técnicas. 2.ª La omisión de la información o los estudios previos necesarios para evitar lesionar los intereses de donantes o usuarios o la transmisión de enfermedades congénitas o hereditarias. 3.ª La omisión de datos, consentimientos y referencias exigidas por esta Ley, así como la falta de realización de la historia clínica en cada caso. 4.ª La ausencia de suministro a la autoridad sanitaria correspondiente para el funcionamiento de los registros previstos en esta Ley de los datos pertenecientes a un centro determinado durante un período anual. 5.ª La ruptura de las condiciones de confidencialidad de los datos de los donantes establecidas en esta Ley. 6.ª La retribución económica de la donación de gametos y preembriones o su compensación económica en contra de lo previsto en los artículos 5.3 y 11.6. 7.ª La publicidad o promoción que incentive la donación de células y tejidos humanos por parte de centros autorizados mediante la oferta de compensaciones o beneficios económicos en contra de lo previsto en el artículo 5.3. 8.ª La generación de un número de hijos por donante superior al legalmente establecido que resulte de la falta de diligencia del centro o servicio correspondiente en la comprobación de los datos facilitados por los donantes y, en el caso de éstos, el suministro de datos falsos en la identidad o la referencia a otras donaciones previas.

9.ª La generación de un número de preembriones en cada ciclo reproductivo que supere el necesario, conforme a los criterios clínicos para garantizar en límites razonables el éxito reproductivo en cada caso.

10.ª En el caso de la fecundación in vitro y técnicas afines, la transferencia de más de tres preembriones a cada mujer en cada ciclo reproductivo.

11.ª La realización continuada de prácticas de estimulación ovárica que puedan resultar lesivas para la salud de las mujeres donantes sanas.

12.ª El incumplimiento de las normas y garantías establecidas para el traslado, importación o exportación de preembriones y gametos entre países.

c) Son infracciones muy graves: 1.ª Permitir el desarrollo in vitro de los preembriones más allá del límite de 14 días siguientes a la fecundación del ovocito, descontando de ese tiempo el que pudieran haber estado crioconservados.

2.ª La práctica de cualquier técnica no incluida en el anexo ni autorizada como técnica experimental en los términos previstos en el artículo 2.

3.ª La realización o práctica de técnicas de reproducción asistida en centros que no cuenten con la debida autorización.

4.ª La investigación con preembriones humanos con incumplimiento de los límites, condiciones y procedimientos de autorización establecidos en esta Ley.

5.ª La creación de preembriones con material biológico masculino de individuos diferentes para su transferencia a la mujer receptora.

6.ª La transferencia a la mujer receptora en un mismo acto de preembriones originados con ovocitos de distintas mujeres.

7.ª La producción de híbridos interespecíficos que utilicen material genético humano, salvo en los casos de los ensayos actualmente permitidos.

8.ª La transferencia a la mujer receptora de gametos o preembriones sin las garantías biológicas de viabilidad exigibles.

9.ª La práctica de técnicas de transferencia nuclear con fines reproductivos.

10.ª La selección del sexo o la manipulación genética con fines no terapéuticos o terapéuticos no autorizados.

Artículo 27. Sanciones.

1. Las infracciones leves serán sancionadas con multa de hasta 1.000 euros; las graves, con multa desde 1.001 euros hasta 10.000 euros, y las muy graves, desde 10.001 euros hasta un millón de euros. En el caso de las infracciones muy graves tipificadas en el artículo 26.c) 2.ª y 3.ª, además de la multa pecuniaria, se podrá acordar la clausura o cierre de los centros o servicios en los que se practiquen las técnicas de reproducción humana asistida. En el caso de la infracción grave tipificada en el artículo 26.b) 5.ª, además de la multa pecuniaria, se podrá acordar en la resolución que imponga la sanción la revocación de la autorización concedida al centro o servicio de reproducción asistida.

2. La cuantía de la sanción que se imponga, dentro de los límites indicados, se graduará teniendo en cuenta los riesgos para la salud de la madre o de los preembriones generados, la cuantía del

eventual beneficio obtenido, el grado de intencionalidad, la gravedad de la alteración sanitaria o social producida, la generalización de la infracción y la reincidencia.

3. En todo caso, cuando la cuantía de la multa resulte inferior al beneficio obtenido por la comisión de la infracción, la sanción será aumentada hasta el doble del importe en que se haya beneficiado el infractor.

4. Si un mismo hecho u omisión fuera constitutivo de dos o más infracciones, tipificadas en esta u otras Leyes, se tomará en consideración únicamente aquélla que comporte la mayor sanción.

5. Las cuantías de las multas serán revisadas y actualizadas periódicamente por el Gobierno mediante real decreto.

Artículo 28. Competencia sancionadora.

Los órganos competentes de las comunidades autónomas y ciudades con Estatuto de Autonomía, en su caso, ejercerán las funciones de control e inspección, de oficio o a instancia de parte, así como la instrucción y resolución de expedientes sancionadores.

Disposición adicional primera. Preembriones crioconservados con anterioridad a la entrada en vigor de la Ley.

A partir de la entrada en vigor de esta Ley, las parejas o, en su caso, las mujeres que dispongan de preembriones crioconservados en los bancos correspondientes y que hubieran ejercido su derecho a decidir el destino de dichos preembriones mediante la firma del consentimiento informado correspondiente en los términos permitidos por la legislación anterior, podrán ampliar o modificar los términos de su opción con cualquiera de las previstas en esta Ley.

Disposición adicional segunda. Comisión de seguimiento y control de donación y utilización de células y tejidos humanos. (Derogada)

Disposición adicional tercera. Organización Nacional de Trasplantes.

1. Se modifica el organismo autónomo Centro Nacional de Trasplantes y Medicina Regenerativa, creado por la disposición adicional única de la Ley 45/2003, de 21 de noviembre, por la que se modifica la Ley 35/1988, de 22 de noviembre, sobre técnicas de reproducción asistida, que pasa a denominarse Organización Nacional de Trasplantes.

2. La Organización Nacional de Trasplantes conserva la naturaleza de organismo autónomo, de acuerdo con lo previsto en los artículos 41 y siguientes de la Ley 6/1997, de 14 de abril, de Organización y Funcionamiento de la Administración General del Estado, con personalidad jurídico-pública diferenciada y plena capacidad de obrar, adscrito al Ministerio de Sanidad y Consumo, al que corresponde su dirección estratégica y la evaluación y control de los resultados de su actividad. En dicho organismo estarán representadas las comunidades autónomas en la forma que reglamentariamente se establezca. 3. Son fines generales de la Organización Nacional de Trasplantes, sin perjuicio de las competencias del Instituto de Salud «Carlos III» y de las atribuciones de otros órganos del Ministerio de Sanidad y Consumo y de las Comunidades Autónomas: a) Coordinar la política general de donación y trasplantes de órganos y tejidos de aplicación en humanos en España.

b) Promover e impulsar la donación de órganos y tejidos.

c) Promover e impulsar los trasplantes de órganos, tejidos y células en España.

d) Promover la formación continuada en materia de donación y trasplantes de órganos y tejidos.

e) Desarrollar, mantener, custodiar y analizar los datos de los registros de origen, destino y seguimiento de los órganos y tejidos obtenidos con la finalidad de trasplante.

f) Asesorar al Ministerio de Sanidad y Consumo y a los departamentos de sanidad de las comunidades autónomas en materia de trasplantes de aplicación en humanos.

g) Representar al Ministerio de Sanidad y Consumo en los organismos nacionales e internacionales en materias relacionadas con los trasplantes.

h) Aquellas otras funciones que pueda asignarle el Ministerio de Sanidad y Consumo en la coordinación y gestión de los ensayos clínicos y la aplicación terapéutica de la medicina regenerativa.

4. Para la consecución de sus fines, se atribuyen a la Organización Nacional de Trasplantes las funciones que en materia de trasplantes se reconocen al Ministerio de Sanidad y Consumo por la Ley 30/1979, de 27 de octubre, sobre extracción y trasplante de órganos, y atribuidas a la Organización Nacional de Trasplantes por el Real Decreto 2070/1999, de 30 de diciembre, por el que se regulan las actividades de obtención y utilización clínica de órganos humanos y la coordinación territorial en materia de donación y trasplante de órganos y tejidos.

5. Las funciones y competencias en materia de investigación en terapia celular y de medicina regenerativa del organismo modificado se atribuyen al organismo autónomo Instituto de Salud «Carlos III».

6. El personal que a la entrada en vigor de esta Ley preste servicios en el Centro Nacional de Trasplantes y Medicina Regenerativa, en el ámbito de las funciones y competencias que se atribuyen a la Organización Nacional de Trasplantes, y aquel del Instituto Nacional de Gestión Sanitaria que realice funciones de soporte y coordinación de transplantes, quedará integrado en el organismo autónomo que se modifica con la misma naturaleza, régimen jurídico, situación, antigüedad, régimen retributivo y de organización que tuviera. Queda exceptuado de esta disposición el personal perteneciente a la Subdirección General de Terapia Celular y Medicina Regenerativa, que se adscribe al Instituto de Salud «Carlos III». 7. El personal al servicio de la Organización Nacional de Trasplantes podrá ser funcionario, estatutario o laboral en los mismos términos que los establecidos para la Administración General del Estado. El personal estatutario estará sujeto a la relación funcionarial especial prevista en el artículo 1 del Estatuto Marco del personal estatutario de los servicios de salud, aprobado por la Ley 55/2003, de 16 de diciembre, y le será de aplicación la citada Ley. 8. La Organización Nacional de Trasplantes asumirá la titularidad de los recursos, derechos, deberes y obligaciones que, en el ámbito de sus fines y competencias, fueran de la titularidad del Centro Nacional de Trasplantes y Medicina Regenerativa. 9. El Gobierno, en el plazo de seis meses, aprobará un nuevo estatuto de la Organización Nacional de Trasplantes, adaptado a esta Ley, mediante real decreto, a iniciativa del Ministro de Sanidad y Consumo y a propuesta conjunta de los Ministros de Administraciones Públicas y de Economía y Hacienda. Hasta entonces permanecerá vigente el aprobado por el Real Decreto 176/2004, de 30 de enero, en cuanto se ajuste a los fines enumerados en el apartado 3 de esta disposición y no se oponga a lo previsto en esta Ley. Disposición adicional cuarta. Banco

Nacional de Líneas Celulares. El Banco Nacional de Líneas Celulares se adscribe al Ministerio de Sanidad y Consumo, a través del Instituto de Salud «Carlos III». Disposición adicional quinta. Garantía de no discriminación de las personas con discapacidad. Con arreglo a lo dispuesto en la Ley 51/2003, de 2 de diciembre, de igualdad de oportunidades, no discriminación y accesibilidad universal de las personas con discapacidad, las personas con discapacidad gozarán de los derechos y facultades reconocidos en esta Ley, no pudiendo ser discriminadas por razón de discapacidad en el acceso y utilización de las técnicas de reproducción humana asistida. Asimismo, la información y el asesoramiento a que se refiere esta ley se prestarán a las personas con discapacidad en condiciones y formatos accesibles apropiados a sus necesidades. Disposición adicional sexta. La constitución, organización y funcionamiento del registro nacional de actividad y resultados de los centros y servicios de reproducción asistida al que se refiere el artículo 22 de esta Ley se podrá llevar a cabo, a través de los instrumentos jurídicos pertinentes, por entidades o sociedades científicas que acrediten ante el Ministerio de Sanidad, Servicios Sociales e Igualdad la experiencia y capacidad para desarrollar y mantener un registro de esta naturaleza con las garantías de calidad, fiabilidad, confidencialidad, amplitud y organización de la información que le sean requeridas por los órganos competentes de dicho Departamento. La ausencia de suministro al registro citado de los datos pertenecientes a un centro determinado durante un período anual tendrán la misma consideración de falta grave prevista en el apartado 2.b).4.ª del artículo 26 de esta Ley, a la que resultarán de aplicación las sanciones previstas en el artículo 27 de esta misma norma legal. Disposición derogatoria única. Derogación normativa. A la entrada en vigor de esta Ley quedan derogadas todas las disposiciones normativas que se le opongan y, en particular, la Ley 35/1988, de 22 de noviembre, sobre técnicas de reproducción asistida, y la Ley 45/2003, de 21 de noviembre, por la que se modifica la Ley 35/1988, de 22 de noviembre, sobre técnicas de reproducción asistida. Disposición final primera. Título competencial. Esta Ley, que tiene carácter básico, se dicta al amparo del artículo 149.1.16.ª de la Constitución. Se exceptúa de lo anterior su capítulo IV, que se dicta al amparo del artículo 149.1.15.ª de la Constitución, y los artículos 7 a 10, que se dictan al amparo de su artículo 149.1.8.ª Disposición final segunda. Desarrollo normativo. Se faculta al Gobierno para dictar cuantas disposiciones resulten necesarias para el desarrollo y ejecución de esta Ley. Disposición final tercera. Entrada en vigor. La presente Ley entrará en vigor el día siguiente al de su publicación en el «Boletín Oficial del Estado». Por tanto.

Mando a todos los españoles, particulares y autoridades, que guarden y hagan guardar esta ley.

Madrid, 26 de mayo de 2006.

JUAN CARLOS R.

El Presidente del Gobierno,

JOSÉ LUIS RODRÍGUEZ ZAPATERO

ANEXO

A) Técnicas de reproducción asistida

1. Inseminación artificial.

2. Fecundación in Vitro e inyección intracitoplásmica de espermatozoides con gametos propios o de donante y con transferencia de preembriones.

3. Transferencia intratubárica de gametos.

B) Procedimientos diagnósticos

Procedimientos dirigidos a evaluar la capacidad de fecundación de los espermatozoides humanos consistentes en la fecundación de ovocitos animales hasta la fase de división del óvulo animal fecundado en dos células, momento a partir del cual se deberá interrumpir la

prueba.

2. ARGENTINA

REPRODUCCIÓN MÉDICAMENTE ASISTIDA

Ley 26.862

Acceso integral a los procedimientos y técnicas médico-asistenciales de reproducción médicamente asistida.

Sancionada: Junio 5 de 2013

Promulgada de Hecho: Junio 25 de 2013

El Senado y Cámara de Diputados de la Nación Argentina reunidos en Congreso, etc. sancionan con fuerza de

Ley:

ARTÍCULO 1° — Objeto. La presente ley tiene por objeto garantizar el acceso integral a los procedimientos y técnicas médico-asistenciales de reproducción médicamente asistida.

ARTÍCULO 2° — Definición. A los efectos de la presente ley, se entiende por reproducción médicamente asistida a los procedimientos y técnicas realizados con asistencia médica para la consecución de un embarazo. Quedan comprendidas las técnicas de baja y alta complejidad, que incluyan o no la donación de gametos y/o embriones.

Podrán incluirse nuevos procedimientos y técnicas desarrollados mediante avances técnico-científicos, cuando sean autorizados por la autoridad de aplicación.

ARTÍCULO 3° — Autoridad de aplicación. Será la autoridad de aplicación de la presente ley el Ministerio de Salud de la Nación.

ARTÍCULO 4° — Registro. Créase, en el ámbito del Ministerio de Salud de la Nación, un registro único en el que deben estar inscriptos todos aquellos establecimientos sanitarios habilitados para realizar procedimientos y técnicas de reproducción médicamente asistida. Quedan incluidos los establecimientos médicos donde funcionen bancos receptores de gametos y/o embriones.

ARTÍCULO 5° — Requisitos. Los procedimientos y técnicas de reproducción médicamente asistida sólo pueden realizarse en los establecimientos sanitarios habilitados que cumplan con los requisitos que determine la autoridad de aplicación.

ARTÍCULO 6° — Funciones. El Ministerio de Salud de la Nación, sin perjuicio de sus funciones como autoridad de aplicación y para llevar a cabo el objeto de la presente, deberá:

a) Arbitrar las medidas necesarias para asegurar el derecho al acceso igualitario de todos los beneficiarios a las prácticas normadas por la presente;

b) Publicar la lista de centros de referencia públicos y privados habilitados, distribuidos en todo el territorio nacional con miras a facilitar el acceso de la población a las mismas;

c) Efectuar campañas de información a fin de promover los cuidados de la fertilidad en mujeres y varones.

d) Propiciar la formación y capacitación continua de recursos humanos especializados en los procedimientos y técnicas de reproducción médicamente asistida.

ARTÍCULO 7° — Beneficiarios. Tiene derecho a acceder a los procedimientos y técnicas de reproducción médicamente asistida, toda persona mayor de edad que, de plena conformidad con lo previsto en la ley 26.529, de derechos del paciente en su relación con los profesionales e instituciones de la salud, haya explicitado su consentimiento informado. El consentimiento es revocable hasta antes de producirse la implantación del embrión en la mujer.

ARTICULO 8° — Cobertura. El sector público de salud, las obras sociales enmarcadas en las leyes 23.660 y 23.661, la Obra Social del Poder Judicial de la Nación, la Dirección de Ayuda Social para el Personal del Congreso de la Nación, las entidades de medicina prepaga y las entidades que brinden atención al personal de las universidades, así como también todos aquellos agentes que brinden servicios médico-asistenciales a sus afiliados independientemente de la figura jurídica que posean, incorporarán como prestaciones obligatorias y a brindar a sus afiliados o beneficiarios, la cobertura integral e interdisciplinaria del abordaje, el diagnóstico, los medicamentos y las terapias de apoyo y los procedimientos y las técnicas que la Organización Mundial de la Salud define como de reproducción médicamente asistida, los cuales incluyen: a la inducción de ovulación; la estimulación ovárica controlada; el desencadenamiento de la ovulación; las técnicas de reproducción asistida (TRA); y la inseminación intrauterina, intracervical o intravaginal, con gametos del cónyuge, pareja conviviente o no, o de un donante, según los criterios que establezca la autoridad de aplicación. Quedan incluidos en el Programa Médico Obligatorio (PMO) estos procedimientos, así como los de diagnóstico, medicamentos y terapias de apoyo, con los criterios y modalidades de cobertura que establezca la autoridad de aplicación, la cual no podrá introducir requisitos o limitaciones que impliquen la exclusión debido a la orientación sexual o el estado civil de los destinatarios.

También quedan comprendidos en la cobertura prevista en este artículo, los servicios de guarda de gametos o tejidos reproductivos, según la mejor tecnología disponible y habilitada a tal fin por la autoridad de aplicación, para aquellas personas, incluso menores de dieciocho (18) años que, aun no queriendo llevar adelante la inmediata consecución de un embarazo, por problemas de salud o por tratamientos médicos o intervenciones quirúrgicas puedan ver comprometidas su capacidad de procrear en el futuro.

ARTICULO 9° — Presupuesto. A los fines de garantizar el cumplimiento de los objetivos de la presente ley el Ministerio de Salud de la Nación deberá proveer anualmente la correspondiente asignación presupuestaria.

ARTÍCULO 10. — Las disposiciones de la presente ley son de

orden público y de aplicación en todo el territorio de la República. Se invita a las provincias y a la Ciudad Autónoma de Buenos Aires a sancionar, para el ámbito de sus exclusivas competencias, las normas correspondientes.

ARTÍCULO 11. — La presente ley será reglamentada dentro de los noventa (90) días de su publicación.

ARTÍCULO 12. — Comuníquese al Poder Ejecutivo nacional.

DADA EN LA SALA DE SESIONES DEL CONGRESO ARGENTINO, EN BUENOS AIRES, A LOS CINCO DEL MES DE JUNIO DEL AÑO DOS MIL TRECE.

— REGISTRADO BAJO EL N° 26.862 —

AMADO BOUDOU. — JULIAN A. DOMINGUEZ. — Gervasio Bozzano. — Juan H. Estrada.

3.   URUGUAY

Ley N° 19.167 TÉCNICAS DE REPRODUCCIÓN HUMANA ASISTIDA REGULACIÓN El Senado y la Cámara de Representantes de la República Oriental del Uruguay, reunidos en Asamblea General, DECRETAN

CAPÍTULO I

DISPOSICIONES GENERALES

Artículo 1º. (Objeto).- La presente ley tiene por objeto regular las técnicas de reproducción humana asistida acreditadas científicamente así como los requisitos que deben cumplir las instituciones públicas y privadas que las realicen.

A tales efectos se entiende por técnicas de reproducción humana asistida el conjunto de tratamientos o procedimientos que incluyen la manipulación de gametos o embriones humanos para el establecimiento de un embarazo.

Quedan incluidas dentro de las técnicas de reproducción humana asistida la inducción de la ovulación, la inseminación artificial, la microinyección espermática (ICSI), el diagnóstico genético preimplantacional, la fecundación in vitro, la transferencia de embriones, la transferencia intratubárica de gametos, la transferencia intratubárica de cigotos, la transferencia intratubárica de embriones, la criopreservación de gametos y embriones, la donación de gametos y embriones y la gestación subrogada en la situación excepcional prevista en el artículo 25 de la presente ley.

La aplicación de cualquier otra técnica no incluida en la enumeración detallada precedentemente, requerirá la autorización del Ministerio de Salud Pública, previo informe favorable de la Comisión Honoraria de Reproducción Humana Asistida.

Artículo 2º. (Alcance).- Las técnicas de reproducción humana asistida podrán aplicarse a toda persona como principal metodología terapéutica de la infertilidad, en la medida que se trate del procedimiento médico idóneo para concebir en el caso de parejas biológicamente impedidas para hacerlo, así como en el caso de mujeres con independencia de su estado civil, de conformidad con lo dispuesto en la presente ley.

Artículo 3º. (Deber del Estado).- El Estado garantizará que las técnicas de reproducción humana asistida queden incluidas

dentro de las prestaciones del Sistema Nacional Integrado de Salud con el alcance dispuesto en la presente ley.

Asimismo, promoverá la prevención de la infertilidad combatiendo las enfermedades que la puedan dejar como secuela, así como la incidencia de otros factores que la causen.

Artículo 4º. (Habilitación).- Solo podrán aplicar las técnicas de reproducción humana asistida aquellas instituciones públicas o privadas que hayan recibido la correspondiente habilitación del Ministerio de Salud Pública a estos efectos específicos.

Artículo 5º. (Procedimientos de reproducción humana asistida de alta y baja complejidad y su cobertura).- A los efectos de la presente ley se definen las técnicas o procedimientos de baja complejidad como aquellos procedimientos en función de los cuales la unión entre el óvulo y espermatozoide se realiza dentro del aparato genital femenino.

Dichas técnicas o procedimientos quedan comprendidos dentro de los programas integrales de asistencia que deben brindar las entidades públicas y privadas que integran el Sistema Nacional Integrado de Salud y serán financiados por este, cuando la mujer no sea mayor de 40 años. Serán igualmente cubiertas por el Sistema Nacional Integrado de Salud durante los 24

(veinticuatro) meses siguientes a la fecha de promulgación de esta ley las mujeres que hayan sobrepasado dicho límite de edad. En caso de mayor edad, la reglamentación establecerá la forma de financiamiento.

Las técnicas o procedimientos de alta complejidad son aquellas en virtud de las cuales la unión entre óvulo y espermatozoide tiene lugar fuera del aparato genital femenino, transfiriéndose a este los embriones resultantes, sean estos criopreservados o no.

Dichas técnicas o procedimientos serán parcial o totalmente subsidiados hasta un máximo de tres intentos, a través del Fondo Nacional de Recursos con el alcance y condiciones que establecerá la reglamentación a dictarse por el Poder Ejecutivo.

Las prestaciones a brindarse incluyen los estudios necesarios para el diagnóstico de la infertilidad así como el tratamiento, material de uso médico descartable y otros estudios que se requieran, el asesoramiento y la realización de los procedimientos terapéuticos de reproducción humana asistida de alta y baja complejidad, las posibles complicaciones que se presenten y la medicación correspondiente en todos los casos.

Artículo 6º. (Infertilidad).- A los efectos de la presente ley se define como infertilidad la incapacidad de haber logrado un embarazo por vía natural después de doce meses o más de relaciones sexuales.

Artículo 7º. (Requisitos para la realización de Técnicas de Reproducción Humana Asistida).- La realización de las técnicas de reproducción humana asistida deberá llevarse a cabo dando cumplimiento a los siguientes requisitos:

a) Serán de aplicación a toda persona mayor de edad y menor de 60 (sesenta) años, salvo que hubiere sido declarada incapaz para ejercer la paternidad o maternidad, luego de ser previa y debidamente informada por el equipo médico tratante.

b) Solo podrán realizarse cuando existan posibilidades razonables de éxito y no supongan riesgo grave para la salud de la mujer o su posible descendencia. A tales efectos, deberá determinarse el buen estado de salud psicofísica de la pareja o de la mujer en su caso, de conformidad con las exigencias de un protocolo obligatorio que acredite que no padece enfermedades genéticas, hereditarias o infecciosas que comprometan la viabilidad del embrión o que sean trasmisibles a la descendencia y no puedan ser tratadas luego del nacimiento del niño o niña.

c) En el caso de los procedimientos terapéuticos de alta complejidad, el profesional médico responsable del equipo actuante deberá dejar constancia escrita en la historia clínica correspondiente de los estudios, tratamientos y resultados seguidos por su paciente que justifiquen su realización.

d) Consentimiento escrito por parte de ambos miembros de la pareja o de la mujer en su caso, para la realización de técnicas de reproducción humana asistida en un formulario que establezca la reglamentación, de acuerdo con el artículo 11 de la Ley Nº 18.335, de 15 de agosto de 2008. e) Ratificación por escrito de ambos integrantes de la pareja al momento de la inseminación e implantación.

Artículo 8º. (Suspensión de las Técnicas de Reproducción Humana Asistida).- La mujer a la que se le apliquen las técnicas de reproducción humana asistida podrá disponer que se suspendan las mismas antes de la fecundación del óvulo. Tal manifestación de voluntad deberá hacerse por escrito y con los mismos requisitos que se siguieron para consentir.

Artículo 9º. (Situación especial).- Podrá realizarse fertilización de gametos o transferirse embriones originados en una persona que hubiere fallecido, siempre que esta hubiera otorgado previamente por escrito su consentimiento para ello y dentro de los 365 (trescientos sesenta y cinco) días posteriores a su fallecimiento.

Artículo 10. (Interés superior del niño).- El o los hijos nacidos mediante las técnicas de reproducción humana asistida tendrán derecho a conocer el procedimiento efectuado para su concepción.

CAPÍTULO II

DE LA TRANSFERENCIA DE EMBRIONES Y CONSERVACIÓN DE GAMETOS

Artículo 11. (Condiciones para la transferencia embrionaria).- Luego de producida la fertilización de los ovocitos, podrán transferirse al útero solamente dos embriones por ciclo, por un máximo de tres ciclos,salvo expresa indicación médica, en que podrán transferirse un máximo de tres embriones.

En caso de embriones viables no transferidos deberán preservarse a los efectos de ser transferidos en un ciclo posterior.

Culminados los tres ciclos o interrumpido el proceso porque la mujer no esté en condiciones o se niegue a recibir los embriones, deberá procederse a su conservación, siempre que no hayan sido descongelados, de acuerdo con lo establecido en el artículo 17 de la presente ley.

Las pacientes deberán ser previamente informadas de las condiciones establecidas en este artículo y decidirán si quieren realizar el procedimiento bajo las mismas. De no aceptarlas, únicamente se podrá proceder a la fertilización de los ovocitos necesarios para un solo ciclo.

CAPÍTULO III

DE LA DONACIÓN DE GAMETOS Y EMBRIONES

Artículo 12. (Donación de gametos).- La donación de gametos se realizará en forma anónima y altruista, debiendo garantizarse la confidencialidad de los datos de identidad de los donantes sin perjuicio de lo establecido en el artículo 21 de la presente ley. La donación se autorizará por escrito con expreso consentimiento informado del o la donante y será revocable cuando estos necesitasen para sí los gametos donados. El número máximo de gametos provenientes de un mismo donante a ser utilizados será determinado por la reglamentación.

Artículo 13. (Requisitos para la donación de gametos).- Para proceder a la donación de gametos, los donantes deberán cumplir los siguientes requisitos:

a) Ser mayor de edad.

b) Acreditar un buen estado de salud psicofísica, de conformidad con las exigencias de un protocolo obligatorio de estudio que demuestre que los donantes no padecen enfermedades genéticas, hereditarias o infecciosas que comprometan la viabilidad del embrión o que sean trasmisibles a la descendencia y/a> no puedan ser tratadas luego del nacimiento.

Artículo 14. (Ausencia de vínculos filiatorios).- La donación de gametos no genera vínculo filiatorio alguno entre los donantes de gametos y el nacido, quienes tampoco tendrán entre sí ningún tipo de derechos ni obligaciones.

Artículo 15. (Información sobre fenotipo).- Los receptores de gametos o embriones tienen derecho a obtener información general sobre las características fenotípicas del donante.

Artículo 16. (Banco de Gametos).- Las instituciones públicas y privadas autorizadas por el Ministerio de Salud Pública para realizar técnicas de reproducción humana asistida podrán tener sus bancos de gametos, para lo cual deberán ser previamente autorizados por dicho Ministerio y quedar sujetos a su supervisión y control.

Artículo 17. (Conservación de gametos).- Los gametos y embriones no transferidos se conservarán por los plazos que determine la reglamentación, teniendo en cuenta su viabilidad, así como la posibilidad de generar un embarazo a partir de los mismos.

Artículo 18. (Investigación con gametos y embriones).- Los gametos podrán ser utilizados con fines de investigación o experimentación científica para la mejora de las técnicas de reproducción asistida.

En tales casos, los gametos no podrán ser fertilizados con el fin de obtener embriones. Se prohíbe la investigación o experimentación científica con embriones generados para desarrollar embarazos con las técnicas de reproducción humana asistida reguladas por la presente ley. Todo protocolo de investigación básica o experimental deberá ser aprobado por la Comisión Honoraria de Reproducción Humana Asistida previo a iniciarse el mismo.

La inobservancia de estas disposiciones podrá determinar las sanciones que correspondan de acuerdo a lo establecido en la reglamentación de esta ley.

Artículo 19. (Clonación y alteración de la especie humana).- Prohíbese la clonación de seres humanos así como cualquier procedimiento dirigido a la transformación o alteración de la especie humana, a partir de material biológico obtenido en aplicación de técnicas de reproducción humana asistida autorizadas por la ley.

Artículo 20. (Inhabilitación).- La institución en que se practicaren los procedimientos especificados en el artículo anterior podrá ser inhabilitada para la prestación de técnicas de reproducción humana asistida, de acuerdo con lo que establezca la reglamentación.

Artículo 21. (Identidad del donante).- La identidad del donante será revelada previa resolución judicial cuando el nacido o sus descendientes así lo soliciten al Juez competente, de conformidad con lo dispuesto en los artículos 22, 23 y 24 de la presente ley. La información proporcionada no implicará en ningún caso la publicidad de la identidad de los donantes ni producirá ningún efecto jurídico en relación a la filiación. Son jueces competentes los Jueces Letrados de Primera Instancia de Familia de Montevideo y los Jueces Letrados de Primera Instancia del interior del país con competencia de Familia.

Artículo 22. (Secreto Profesional).- Toda la información relativa a la donación de gametos se encuentra alcanzada por el secreto profesional y en todos los casos sujeta a las responsabilidades que establecen las leyes y los códigos de ética vigentes. El deber de secreto alcanza también a todas las personas que, en virtud de las tareas que desempeñen relacionadas con la donación de gametos, tengan acceso a la información a que refieren los artículos 12 y 13 de la presente ley.

Artículo 23. (Legitimación).- La acción referida en el artículo 21 de la presente ley, podrá ser ejercida por el nacido por aplicación de la técnica de reproducción humana asistida o sus representantes legales y, en caso de que hubiere fallecido, por sus descendientes en línea directa hasta el segundo grado, por sí o por medio de sus representantes.

Artículo 24. (Procedimiento).- Formulada la demanda y salvo que la misma fuera manifiestamente improcedente, el magistrado actuante, previa vista al Ministerio Público y Fiscal, requerirá por oficio información a la institución donde se realizó la técnica de reproducción asistida, relevándola del secreto establecido en el artículo 22 de la presente ley y solicitando la identidad del donante, la que será notificada en forma personal al demandante. El procedimiento se regirá por las disposiciones del proceso voluntario del Código General del Proceso.

CAPÍTULO IV

DE LA GESTACIÓN SUBROGADA

Artículo 25. (Nulidad).- Serán absolutamente nulos los contratos a título oneroso o gratuito entre una pareja o mujer que provea gametos o embriones, sean estos propios o de terceros para la gestación en el útero de otra mujer, obligando a esta a entregar el nacido a la otra parte o a un tercero.

Exceptúase de lo dispuesto precedentemente, únicamente la situación de la mujer cuyo útero no pueda gestar su embarazo debido a enfermedades genéticas o adquiridas, quien podrá acordar con un familiar suyo de segundo grado de consanguinidad, o de su pareja en su caso, la implantación y gestación del embrión propio. Entiéndese por embrión propio aquel que es formado como mínimo por un gameto de la pareja o en el caso de la mujer sola por su óvulo. La incapacidad referida deberá ser diagnosticada por el equipo tratante, el que deberá elevar un informe a la Comisión Honoraria de Reproducción Humana Asistida para su conocimiento, la que evaluará si se cumplen las condiciones establecidas en el inciso segundo de este artículo.

Artículo 26. (Suscripción de acuerdo).- El acuerdo a que refiere el inciso segundo del artículo anterior deberá ser de naturaleza gratuita y suscripto por todas las partes intervinientes.

Artículo 27. (Filiación).- En el caso previsto como excepción en el artículo 25 de la presente ley, la filiación del nacido corresponderá a quienes hayan solicitado y acordado la subrogación de la gestación.

Artículo 28. (Filiación Materna).- La filiación materna estará determinada por el parto o la cesárea de la madre biológica o en su caso por la mujer cuya gestación ha sido subrogada.

CAPÍTULO V

DE LA COMISIÓN HONORARIA DE REPRODUCCIÓN HUMANA ASISTIDA

Artículo 29. (Creación).- Créase la Comisión Honoraria de

Reproducción Humana Asistida la que dependerá del Ministerio de Salud Pública.

Artículo 30. (Integración).- La Comisión Honoraria de Reproducción Humana Asistida estará integrada por:

a) Un representante del Ministerio de Salud Pública, que la presidirá.

b) Un representante del Instituto Nacional de Donación y Trasplante de Células, Tejidos y Órganos.

c) Un representante de las Facultades de Medicina.

d) Un representante de las Facultades de Derecho.

e) Un representante de la Sociedad Uruguaya de Reproducción Humana (SURH).

f) Un representante del Colegio Médico del Uruguay.

g) Un representante de los usuarios. Cada miembro titular tendrá un alterno respectivo. El Poder Ejecutivo reglamentará el mecanismo en virtud del cual serán designados los representantes de los organismos mencionados en los literales c), d), e) y g) del presente artículo.

Artículo 31. (Cometidos).- Serán cometidos de la Comisión Honoraria de Reproducción Humana Asistida:

a) Asesorar en forma preceptiva al Ministerio de Salud Pública respecto de las políticas de reproducción humana asistida, así como de la pertinencia de introducir nuevas técnicas en esa área.

b) Promover las normas para la implementación de la reproducción asistida.

c) Contribuir a la actualización del conocimiento de los profesionales y científicos en materia de reproducción humana asistida y a la difusión de los conocimientos correspondientes.

d) Elevar opinión fundada sobre las irregularidades respecto de las cuales tomare conocimiento a la Comisión Honoraria de Salud Pública y al Colegio Médico del Uruguay en lo que correspondiere a cada uno de estos organismos, dando cuenta de ello al Ministerio de Salud Pública.

e) Crear Consejos Asesores transitorios o permanentes integrados por representantes de las organizaciones no gubernamentales relacionados con los aspectos científicos, jurídicos y éticos de estas técnicas, así como por representantes de los beneficiarios de las mismas.

f) Considerar los informes que se le elevaren relativos al procedimiento solicitado, de acuerdo al inciso cuarto del artículo 25 de la presente ley.

g) Considerar para su aprobación los protocolos de investigación básica o experimental, relativos a técnicas de reproducción asistida que le sean solicitados por los equipos clínicos tratantes.

Artículo 32.- Esta ley entrará en vigencia a los 90 (noventa) días de su promulgación, en cuyo plazo el Poder Ejecutivo dictará la reglamentación respectiva. Sala de Sesiones de la Cámara de Representantes, en Montevideo, a 12 de noviembre de 2013. DANIELA PAYSEÉ, 1era. Vicepresidenta. Virginia Ortiz, Secretaria. MINISTERIO DE SALUD PÚBLICA MINISTERIO DE ECONOMÍA Y FINANZAS MINISTERIO DE EDUCACIÓN Y CULTURA Montevideo, 22 de noviembre de 2013. Cúmplase, acúsese recibo, comuníquese, publíquese e insértese en el Registro Nacional de Leyes y Decretos, la Ley por la que se regulan las técnicas de reproducción humana asistida. JOSÉ MUJICA. SUSANA MUÑIZ. FERNANDO LORENZO. OSCAR GÓMEZ.

4. COLOMBIA

LEY N°- 1953 "POR MEDIO DE LA CUAL SE ESTABLECEN LOS LINEAMIENTOS PARA EL DESARROLLO DE LA POLÍTICA PÚBLICA DE PREVENCIÓN DE LA INFERTILIDAD Y SU TRATAMIENTO DENTRO DE LOS PARÁMETROS DE SALUD REPRODUCTIVA"

EL CONGRESO DE COLOMBIA DECRETA:

ARTÍCULO 1°. Objeto. La presente ley tiene como objeto establecer los lineamientos para el desarrollo de la política pública de prevención de la infertilidad y su tratamiento dentro de los parámetros de salud reproductiva.

ARTÍCULO 2°. Definiciones.

Infertilidad: La infertilidad es una enfermedad del sistema reproductivo que impide lograr un embarazo clínico después de doce (12) meses o más de relaciones sexuales no protegidas.

Técnicas de reproducción humana asistidas: se entiende por técnicas de reproducción humana asistidas todos los tratamientos o procedimientos que incluyen la manipulación tanto de ovocitos como de espermatozoides o embriones humanos para el establecimiento de un embarazo.

ARTÍCULO 3°. Política pública de infertilidad. El Gobierno nacional a través del Ministerio de Salud y Protección Social adelantará la política pública infertilidad con miras a garantizar el pleno ejercicio de las garantías sexuales y reproductivas y su protección a través del sistema de seguridad social en salud, en el término de 6 meses. La política pública de infertilidad desarrollará los siguientes componentes:

- Investigativo: Fomento de la investigación científica, en los sectores público y privado, sobre las diversas causas de la infertilidad y los tratamientos que podrían coadyuvar a prevenirla, tratarla y curarla.

- Preventivo: Desarrollo integral e interdisciplinar de estrategias de promoción y prevención de la infertilidad y las enfermedades asociadas a la misma.

- Educativo: La educación sexual y reproductiva incluirá la información sobre infertilidad y su abordaje terapéutico, en temas como: hábitos de vida saludables que actúan como factores protectores de la infertilidad sobreviniente; la relación entre las causas de la infertilidad y otras patologías asociadas; los programas y tratamientos de infertilidad; y otros temas relevantes para la atención integral de esta enfermedad. - Diagnóstico y tratamiento oportuno: Establecimiento de esquemas de atención, diagnóstico y tratamiento oportuno frente a la patología infertilidad; así como fomento de la formación de profesionales de la salud en el área de la infertilidad, desde una perspectiva integral.

- Adopción. Establecimiento de lineamientos sociales y legales de priorización que permitan garantizar el derecho a formar una familia a partir de la institución de la adopción a las personas diagnosticadas como infértiles.

ARTÍCULO 4°, Tratamiento de Fertilidad, Establecida la política pública de infertilidad en un término no superior a un año, el Ministerio de Salud y Protección Social reglamentará el acceso a los tratamientos de infertilidad mediante técnicas de reproducción humana asistida o Terapias de Reproducción Asistida erRA) conforme a los lineamientos técnicos para garantizar el derecho con recursos públicos, bajo el enfoque de derechos sexuales y derechos reproductivos contenidos en el modelo del Plan Decenal de Salud Pública, cumpliendo con los siguientes criterios:

1. Determinación de Requisitos. Requisitos como edad, condición de salud de la pareja infértil, números de ciclos de baja o alta complejidad que deban realizarse conforme a la pertinencia médica y condición de salud, capacidad económica de la pareja o nivel de Sisbén, frecuencia, tipo de infertilidad.

2. Definición de mecanismos de protección individual para garantizar las necesidades en salud y la finalidad del servicio, y definición de la infraestructura técnica requerida para la prestación del servicio.

3. Los demás que se consideren necesarios para la aplicación de la ley, en el marco del interés general y la política pública. rr -- ' :>-.. :,..,; __

ARTÍCULO 5°, Investigación y prevención. El Ministerio de Salud y protección social a través del Instituto Nacional-de ·Salud promoverá proyectos de investigación que tengan como objetivo establecer la caracterización de la ' infertilidad y los índices de morbilidad en el territorio nacional. Parágrafo 1°, El Ministerio de Salud y la Superintendencia de Salud, adoptarán las medidas necesarias para regular, la inspección, vigilancia y control de los centros médicos que realicen los diagnósticos y tratamientos de reproducción humana asistida.

ARTÍCULO 6° , Registro Único. El Ministerio de Salud y Protección Social creará un registro único en el que estarán los centros de atención especializada autorizados para realizar procedimientos y técnicas de reproducción humana asistida, así como de los pacientes tratados. Quedan incluidos los bancos receptores de gametos y/o embriones. Los procedimientos y técnicas de reproducción humana asistida sólo podrán realizarse en los centros de atención especializada que estén en el Registro y que, por lo tanto, cumplen con los requisitos que determine el Ministerio de Salud y Protección Social.

ARTÍCULO 7°. Asociaciones Público-Privadas. Para los propósitos de la presente ley, y con el fin de garantizar la cobertura de los tratamientos de reproducción humana asistida, el uso de tecnología de punta, el equipo técnico y humano idóneo en procedimientos de alta y baja complejidad, se podrán establecer Asociaciones Público-Privadas.

ARTÍCULO 8°. Vigencia. La presente ley rige a partir de su sanción y promulgación, derogando todas las normas que le sean contrarias.

EL PRESIDENTE DEL HONORABLE SENADO DE LA REPÚBLICA • ERNESTO MACÍAS TOVAR EL SECRETARIO GENERAL DEL HONORABLE SENADO DE LA REPÚBLiCA

5.   PERÚ (INICIATIVA DE LEY)

El congresista Richard Acuña Núñez, miembro del Grupo Parlamentario de Alianza para el Progreso, en ejercicio del derecho de iniciativa legislativa previsto por el artículo 107° de la Constitución Política del Perú y según lo regulado por los artículos 75° y 76° del Reglamento del Congreso de la República, presenta a consideración del Congreso de la República el siguiente proyecto de Ley:

El Congreso de la República;

Ha dado la siguiente Ley:

"LEY QUE GARANTIZA EL ACCESO A TÉCNICAS DE REPRODUCCIÓN HUMANA ASISTIDA"

Artículo 1 °. Objeto de la Ley

La presente ley tiene por objeto garantizar el acceso integral a técnicas de reproducción humana asistida reconocidas por la Organización Mundial de Salud (OMS}, así como reconocer la infertilidad como enfermedad, con el fin de otorgar posibilidades de solución necesarios para el fin de la procreación humana.

Artículo 2°. Definiciones

Para efectos de la presente ley, se entiende por:

a) Criopreservación: la congelación o la vitrificación y el almacenamiento de gametos, zigotos, embriones o tejido gonadal.

b) Donación de embriones: transferencia de embriones resultantes de gametos

(espermatozoides y ovocitos) que no se originaron de la receptora y su pareja.

c) Embrión: producto de la división del zigoto hasta el fin del estadía embrionario (8 semanas después de la fecundación).

d) Fecundación in vitro (FIV): Técnica de Reproducción Asistida (TRA) que involucra fecundación extracorpórea.

e) Fecundación: penetración de un ovocito por un espermatozoide y la combinación de sus materiales genéticos, lo que resulta en la formación de

un zigoto.

f) Gametos: Células reproductivas producidas en las gónadas o órganos sexuales. En el ser humano, se distingue entre los gametos femeninos (óvulos) y los gametos masculinos (espermatozoides).

g) Implantación: La unión y subsecuente penetración del blastocisto libre de zona pelúcida usualmente en el endometrio, que comienza 5 a 7 días después

de la fecundación.

h) Infertilidad: enfermedad del sistema reproductivo definida como la incapacidad de lograr un embarazo clínico después de 12 meses o más de relaciones sexuales no protegidas.

i) Técnicas de Reproducción Asistida: tratamientos o procedimientos que incluyen la manipulación tanto de ovocitos como de espermatozoides o embriones humanos para el establecimiento de un embarazo. Son de baja complejidad: la inseminación asistida (inseminación artificial) homóloga o heteróloga, las relaciones sexuales dirigidas y la estimulación ovárica. Son de alta complejidad: la fecundación in vitro con óvulos propios o donados, la inyección intracitoplasmática de espermatozoides (ICSI), la transferencia intratubárica de gametos, la transferencia intratubárica de embriones, entre otros.

j) Zigoto: célula diploide resultante de la fecundación de un ovocito por un espermatozoide, la cual subsecuentemente se divide para formar un embrión.

Artículo 3°. Ámbito de aplicación

Toda persona mayor de edad que presente algún grado de infertilidad debidamente diagnosticada por la autoridad de salud correspondiente tiene derecho a recurrir a su tratamiento, así como a procrear mediante el uso de técnicas de reproducción asistida (TERAS) reguladas y autorizadas por el Ministerio de Salud en los términos previstos en la presente Ley.

Artículo 4°. Beneficiarios

4.1 Toda persona mayor de edad que presente algún grado de infertilidad que haga aconsejable el uso de técnicas de reproducción humana asistida con fines de procreación y haya expresado su consentimiento informado, libre, consciente y expreso, tiene derecho a acceder a los procedimientos y técnicas de reproducción humana asistida. El consentimiento es revocable hasta antes de producirse el inicio de la inseminación.

4.2 Los beneficiarios de estos procedimientos deberán someterse a una evaluación médica y psicológica en los centros o servicios de salud públicos o privados correspondientes.

4.3 Todos los datos relativos a la utilización de estas técnicas deberán recogerse en historias clínicas individuales con las debidas garantías de confidencialidad respecto de la identidad de los beneficiarios, los datos y condiciones de los usuarios y de las circunstancias que concurran en el origen de la descendencia.

Artículo 5°. Del consentimiento informado

Las técnicas de reproducción humana asistida sólo pueden practicarse, previo

consentimiento informado de los interesados y se realizarán únicamente cuando no supongan nesgo grave para la salud física y psíquica de la pareja o la posible descendencia.

El consentimiento informado deberá realizarse en formato accesible y comprensible a las personas con discapacidad y se hará mención expresa de los posibles riesgos durante el tratamiento y el embarazo, para la pareja y la descendencia.

Artículo 6°. Donación de gametos y embriones

6.1 La donación de gametos (ovocitos o espermatozoides) y embriones es a título gratuito y de carácter formal, anónima y confidencial entre el donante y el centro de salud público o privado autorizado. Los requisitos para ser donante y procedimiento a realizarse se establecerán vía reglamentaria.

6.2 Un donante de gametos solo está autorizado en donar hasta a un máximo de tres veces al año. Para tal efecto, los donantes deberán consignar en cada donación y en declaración jurada si han realizado otras donaciones anteriores y el centro de salud público o privado en el que se hubieran realizado dichas donaciones.

6.3 No se encuentra permitida la donación de gametos sobrantes no utilizados en la reproducción de pareja para la reproducción de terceros.

Artículo 7°. Crioconservación de gametos y embriones

7.1 Los gametos y embriones podrán crioconservarse con fines únicamente reproductivos, previo consentimiento expreso e informado de los interesados, en los bancos de gametos y/o embriones autorizados para los siguientes fines:

a. La utilización por la propia mujer o su pareja.

b. La donación con fines reproductivos.

7.2 El cese de la crioconservación, requerirá del consentrrruento informado

correspondiente, el cual podrá ser modificado en cualquier momento anterior a su aplicación o durante la vida de quien procede. En el caso de los embriones, cada dos años, como mínimo, se solicitará de la mujer o de la pareja progenitora la renovación o modificación del consentimiento firmado previamente.

7.3 Se prohíbe la comercialización de embriones y de gametos crioconservados.

Artículo 8°. Filiación de los hijos nacidos mediante técnicas de reproducción humana asistida

La filiación de los nacidos con las técnicas de reproducción humana asistida se regulará por las leyes civiles correspondientes.

Los hijos nacidos por la procedencia de los supuestos previstos en el artículo 6° de la presente Ley tienen derecho por sí o por sus representantes legales a obtener información general de los donantes que no incluya su identidad. Igual derecho corresponde a las receptoras de los gametos y embriones.

Sólo excepcionalmente, en circunstancias extraordinarias que comporten un peligro cierto para la vida o la salud del hijo y por mandato judicial, podrá revelarse la identidad de los donantes, lo que no implica en ningún caso determinación legal de la filiación.

Artículo 9°. Gestación por sustitución

9.1 Será nulo de pleno derecho el contrato a título oneroso o gratuito por el cual

una mujer renuncia a la filiación del neonato que ha gestado en favor de un

contratante o un tercero. A excepción de los casos en que la mujer no pueda gestar en su útero su embarazo debido a enfermedades genéticas o adquiridas, podrá acordar con una persona con el grado de parentesco, afinidad u otro debidamente identificado y de manera altruista, la implantación y gestación del embrión formado por los gametos de la pareja. La incapacidad del embarazo deberá ser diagnosticada por el equipo biomédico tratante.

9.2 El acuerdo deberá ser de carácter gratuito y suscrito por las partes intervinientes.

9.3 La filiación del nacido corresponderá a quienes hayan solicitado y acordado la gestación por sustitución. La filiación materna estará determinada por el aporte del material genético femenino o en su caso por la madre biológica del nacido.

Artículo 10°. De los centros y servicios de reproducción humana asistida

Las técnicas de reproducción humana asistida se realizarán en los centros y servicios públicos o privados de salud habilitados que cumplan con los requisitos que determine la autoridad de salud correspondiente. Dicha autorización especificará las técnicas cuya aplicación se autoriza en cada caso.

Para efectos de la presente ley, los bancos de gametos y/o embriones tendrán la consideración de centros y servicios de reproducción humana asistida.

Artículo 11°. Condiciones de los equipos biomédicos

11.1 Los equipos biomédicos que trabajen en los centros o servrcios públicos o

privados de salud deberán estar especialmente cualificados para realizar las técnicas de reproducción humana asistida. Las características del equipamiento serán determinadas por la autoridad de salud competente.

11.2 La dirección y el personal que trabaja en los centros o servicios públicos o

privados de reproducción humana asistida incurrirán en responsabilidades que se rigen por los Códigos de Ética y normas estatutarias de los Colegios Profesionales correspondientes de acuerdo al artículo 23° de la Ley 26842, Ley General de Salud.

11.3 Sin perjuicio de las acciones civiles o penales a que hubiera lugar, las infracciones a las disposiciones contenidas en la presente Ley y su reglamento,

cometidas por los profesionales sanitarios o personal administrativo y los centros de salud públicos o privados respectivos, serán pasibles de las sanciones administrativas que el reglamento de la presente Ley determine.

Artículo 12°. Registro Nacional de los centros y servicios de reproducción humana asistida

12.1 Los centros o establecimientos de salud públicos o privados habilitados para realizar procedimientos y técnicas de reproducción humana asistida deberán estar inscritos en un Registro Nacional a cargo del Ministerio de Salud.

12.2 El Registro Nacional contará con los datos relacionados al número de técnicas y procedimientos de diferente tipo, así como las tasas de éxito en términos reproductivos obtenidas por cada centro con cada técnica.

12. 3 Los requisitos y procedimientos para la inscripción al registro se establecerán vía reglamentaria.

Artículo 13°. Registro Nacional de Donantes

El Registro Nacional de Donantes, adscrito al Ministerio de Salud, es aquel registro en el que se inscribirán los donantes de gametos y embriones, con las garantías de confidencialidad de los datos de aquéllos. También se recogerá el número de gametos y embriones crioconservados en cada centro o servicio público o privado de salud.

Por reglamento se establecerá el procedimiento y requisitos para la inscripción al registro.

Artículo 14°. Suministro de información

Los centros o servicios públicos o privados de salud en los que se practiquen técnicas de reproducción humana asistida están obligados a suministrar información clara y precisa sobre su funcionamiento a la autoridad competente. La información deberá ser accesible a los usuarios y beneficiarios de las técnicas para facilitar su comprensión.

Para tal efecto, se debe garantizar los derechos a la intimidad personal y a la

protección de los datos personales, con el fin de salvaguardar el derecho a la

protección de la salud y la seguridad de las personas.

Artículo 15°. Cobertura

El Ministerio de Salud a través del Seguro Integral de Salud (SIS), el Seguro Social de Salud (ESSALUD) y las empresas privadas de seguro incorporarán como prestación obligatoria la cobertura integral del abordaje, diagnóstico, medicamentos y terapias de apoyo de las siguientes técnicas de reproducción humana asistida:

1) Inseminación artificial; 2) Fecundación in Vitro e inyección intracitoplásmica de espermatozoides con gametos propios o de donante y con transferencia de embriones y; 3) Transferencia intratubárica de gametos.

Queda también comprendida, la crioconservación de gametos y/o embriones

Artículo 16°. Requisitos para la cobertura

Las técnicas o procedimientos de reproducción asistida comprendidas dentro de los programas integrales de asistencia que deben brindar las entidades públicas y privadas de conformidad con el artículo 15° de la presente ley, deberán requerir para la cobertura que:

a. Los usuarios o beneficiarios presenten algún grado de infertilidad debidamente diagnosticada que haga aconsejable el uso de las técnicas de reproducción asistida, con independencia de su estado civil. La mujer no deberá ser mayor de 40 años y en el caso de las parejas deberán estar legalmente casadas o en unión de hecho de acuerdo a lo establecido en el artículo 326 ° del Código Civil.

b. Para la cobertura de las técnicas de reproducción asistida de alta complejidad, la pareja deberá haber sido sometida a las técnicas de reproducción asistida de baja complejidad.

Tendrán prioridad aquellas parejas que aún no hayan tenido hijos.

Artículo 17°. Límites a la cobertura

Una persona o pareja únicamente podrá acceder a un rnaxrmo de tres intentos

anuales de técnicas de reproducción humana asistida de baja complejidad, con

intervalos mínimos de tres meses ente cada uno de ellos, y a un máximo de un

intento anual para las técnicas de reproducción humana asistida de alta complejidad.

En los casos en que las técnicas de reproducción humana asistida requieran de

gametos o embriones donados, estos deberán provenir de los bancos de gametos o embriones debidamente inscritos en el Registro de Nacional de los Centros y Servicios de Reproducción Humana Asistida.

DISPOSICIONES COMPLEMENTARIAS MODIFICATORIAS

Primera.- Modificación del artículo 7° de la Ley 26842, Ley General de Salud.

Modificase el artículo 7° de la Ley 26842, Ley General de Salud, con los siguientes términos:

"Artículo 7.- Toda persona tiene derecho a recurrir al tratamiento de su infertilidad, así como a procrear mediante el uso de técnicas de reproducción asistida, aun cuando la condición de madre genética y de madre gestante no recaiga sobre la misma persona.

Para la aplicación de técnicas de reproducción asistida, se requiere del consentimiento previo y por escrito de los padres biológicos.

Está prohibida la fecundación de óvulos humanos con fines distintos a la procreación, así como la clonación de seres humanos."

Segunda.- Incorpórese el artículo 318º-B al Código Penal.

Incorpórese el artículo 318º-B al Código Penal, con los siguientes términos:

"Delito de intermediación onerosa de embriones y gametos crioconservados

Artículo 318º-B.- Será reprimido con pena privativa de libertad no menor de tres ni mayor de seis años el que, por lucro y sin observar la ley de la materia, compra, vende, importa o exporta embriones y gametos crioconservados.

Si el agente es un profesional médico o sanitario o funcionario del sector salud, será reprimido con pena privativa de libertad no menor de cuatro ni mayor de ocho años e inhabilitación conforme al artículo 36º incisos 1, 2, 4, 5 y 8."

DISPOSICIONES COMPLEMENTARIAS FINALES

PRIMERA.- Autoridad Competente

El Ministerio de Salud es la autoridad nacional competente encargada de proponer y aprobar las medidas necesarias para el cumplimiento de la presente Ley, así como de garantizar el derecho al acceso libre, informado, seguro e igualitario de los beneficiarios a las técnicas reguladas por la presente ley.

Asimismo, conjuntamente con la Superintendencia Nacional de Salud, adoptarán las medidas necesarias para la vigilancia, seguimiento y control de los centros y servicios de reproducción humana asistida y propiciarán su desarrollo en los hospitales públicos y en entidades privadas con la firma de convenios asistenciales para el tratamiento de las técnicas de reproducción humana asistida de baja y alta complejidad.

SEGUNDA. Campañas de difusión y comunicación

El Ministerio de Salud realizará campañas de comunicación, difusión y publicidad sobre las técnicas de reproducción humana asistida a fin de facilitar el acceso de la población a las mismas y proporcionará formación y capacitación sobre los alcances de la presente ley con el objetivo de promover los cuidados de la fertilidad en mujeres y hombres. Igualmente, publicará la lista de los centros de salud públicos y privados distribuidos en el territorio nacional que ofrecen la cobertura de las técnicas de reproducción humana asistida.

TERCERA. Nuevas técnicas de reproducción asistida Podrán incluirse nuevos procedimientos desarrollados mediante avances técnico científicos, previa autorización del Ministerio de Salud.

CUARTA.- Reglamentación El Poder Ejecutivo reglamenta la presente ley en un plazo de noventa (90) días, contados a partir de su vigencia.

QUINTA.- Derogaciones Derógase o déjese sin efecto, según corresponda, las normas que se opongan al contenido de la presente Ley.

6.   MÉXICO

LEY GENERAL DE TÉCNICAS DE REPRODUCCIÓN ASISTIDA

Título Primero

Disposiciones Generales Capítulo Único

Artículo 1. La presente ley, reglamenta el derecho de las

personas a la salud reproductiva a través de las técnicas de reproducción asistida, que tiene toda persona en los términos de los artículos 1o. y 4o., de la Constitución Política de los Estados Unidos Mexicanos, establece las bases y modalidades para la utilización de estas técnicas y la concurrencia de la federación y las entidades federativas en la materia. Es de aplicación en toda la República y sus disposiciones son de orden público e interés social.

Artículo 2. Esta Ley tiene por objeto: a) Regular la aplicación de las técnicas de reproducción asistida acreditadas científicamente y clínicamente indicadas, tales como inseminación artificial; fecundación in vitro e inyección intracitoplásmica de espermatozoides con gametos propios o de donante y con transferencia de preembriones; transferencia intratubárica de gametos y gestación subrogada.

b) Regular el acceso a la gestación subrogada en casos de infertilidad, esterilidad y/o ausencia de útero.

c) Regular la aplicación de las técnicas de reproducción humana asistida en la prevención y tratamiento de enfermedades de origen genético, siempre que existan las garantías diagnósticas y terapéuticas suficientes y sean debidamente autorizadas en los términos previstos en esta ley.

d) La regulación de los supuestos y requisitos de utilización de gametos y preembriones humanos crioconservados.

Para los efectos de esta ley se entiende por preembrión, el embrión in vitro constituido por el grupo de células resultantes de la división progresiva del ovocito desde que es fecundado hasta 14 días más tarde. Se prohíbe la clonación en seres humanos con fines reproductivos, así como cualquier tipo de prácticas eugenésicas que pretenden la elección de ciertas características genéticas o fisiológicas que tengan por objeto una mejora de la descendencia conforme a estándares arbitrarios o discriminatorios que se relacionan con la calidad de vida, así como la elección del sexo, la procreación de híbridos y otras formas de utilización de los gametos no autorizada por los donantes y que sea contraria a los principios de esta ley.

Artículo 3. Sobre las técnicas de reproducción asistida.

1. Las técnicas de reproducción asistida que, conforme a lo que se determina en el artículo anterior, reúnen las condiciones de acreditación científica y clínica son: inseminación artificial; fecundación in vitro e inyección intracitoplásmica de espermatozoides con gametos propios o de donante y con transferencia de preembriones; transferencia intratubárica de gametos y gestación subrogada.

2. La aplicación de la técnica de gestación subrogada requerirá la autorización del Comité Hospitalario de Bioética que pertenezca a establecimientos de salud de los sectores público, social o privado, que sean específicamente autorizados para ello por la Secretaría de Salud.

3. Deberán tomarse en cuenta las buenas prácticas médicas como parámetro para la realización de las técnicas de reproducción asistida, a partir de los estándares técnicos y metodológicos que avalen la Secretaría de Salud y la Comisión Nacional de Bioética.

Artículo 4. Apartado de definiciones. Para los efectos de esta ley se entiende por:

I. Bancos: A los bancos de crioconservación de productos biológicos públicos y privados, autorizados por la Secretaría de Salud;

II. Células germinales: Células reproductoras masculinas y femeninas capaces de dar origen a un embrión;

III. Cofepris: Comisión Federal para la Protección contra Riesgos Sanitarios;

IV. Comisión: Comisión Nacional de Bioética;

V. Criopreservación: Es la técnica de preservación de tejidos, gametos y embriones humanos a bajas temperaturas mediante congelación;

VI. Diagnóstico genético preimplantatorio: Es el análisis de cuerpos polares, blastómeras o trofoectodermo de ovocitos, zigotos o embriones para la detección de alteraciones específicas, genéticas, estructurales y/o cromosómicas;

VII. Donación de embriones: Es la transferencia de embriones resultantes de gametos (espermatozoides y ovocitos) que no se originaron de la receptora y su pareja;

VIII. Edad gestacional: Consiste en la edad de un embrión o feto calculada al sumar dos semanas (14 días) al número de semanas completadas después de la fecundación;

IX. Embrión: Es el producto de la división del zigoto hasta el fin del estadío embrionario (8 semanas después de la fecundación);

X. Fecundación in vitro (FIV): Técnica de Reproducción Asistida que involucra fecundación extracorpórea;

XI. Fecundación: Es la penetración de un ovocito por un espermatozoide y la combinación de sus materiales genéticos, lo que resulta en la formación de un zigoto;

XII. Feto: Consiste en el producto de la fecundación desde el fin del desarrollo embrionario, a las 8 semanas después de la fecundación, hasta el aborto o nacimiento;

XIII. Gestación subrogada: Es una técnica de reproducción asistida, mediante la cual una mujer se embaraza de forma altruista, mediante inseminación artificial o fecundación in vitro y gesta un bebé en favor de quiénes serán genética y/o legalmente sus padres después de su nacimiento, renunciando a los poderes y deberes propios de la maternidad;

XIV. Implantación: Es la unión y subsecuente penetración del blastocito libre de zona pelúcida usualmente en el endometrio, que comienza 5 a 7 días después de la fecundación;

XV. Infertilidad: Es la enfermedad del sistema reproductivo definida como la incapacidad de lograr un embarazo clínico después de 12 meses o más de relaciones sexuales no protegidas;

XVI. Ley: Ley de Reproducción Asistida;

XVII. Mujer gestante: La mujer que presta su útero de manera gratuita

Artículo 5. Condiciones personales de la aplicación de las técnicas.

1. Las técnicas de reproducción asistida se realizarán solamente cuando haya posibilidades razonables de éxito, no supongan riesgo grave para la salud, física o psíquica, de la mujer o la posible descendencia y previa aceptación libre y consciente de su aplicación por parte de la mujer, que deberá haber sido anterior y

debidamente informada de sus posibilidades de éxito, así como de sus riesgos y de las condiciones de dicha aplicación.

2. En el caso de la fecundación in vitro y técnicas afines, sólo se autoriza la transferencia de un máximo de tres preembriones en cada mujer en cada ciclo reproductivo.

3. La información y el asesoramiento sobre estas técnicas, que deberá realizarse tanto a quienes deseen recurrir a ellas como a quienes, en su caso, vayan a actuar como donantes, se extenderá a los aspectos biológicos, jurídicos y éticos de aquéllas, y deberá precisar igualmente la información relativa a las condiciones económicas del tratamiento. Incumbirá la obligación de que se proporcione dicha información en las condiciones adecuadas que faciliten su comprensión a los responsables de los equipos médicos que lleven a cabo su aplicación en los establecimientos de salud autorizados para su práctica.

4. La aceptación de la aplicación de las técnicas de reproducción asistida por cada mujer receptora de ellas quedará reflejada en un formulario de consentimiento informado en el que se hará mención expresa de todas las condiciones concretas de cada caso en que se lleve a cabo su aplicación, sin ningún tipo de discriminación.

5. La mujer receptora de estas técnicas podrá pedir que se suspenda su aplicación en cualquier momento de su realización anterior a la transferencia embrionaria, y dicha petición deberá atenderse. 6. Todos los datos relativos a la utilización de estas técnicas deberán recogerse en expedientes clínicos, que deberán ser tratados con las debidas garantías de confidencialidad respecto de la identidad de los donantes, de los datos y condiciones de los usuarios y de las circunstancias que concurran en el origen de los hijos así nacidos. No obstante, se tratará de mantener la máxima integración posible de la documentación clínica de la persona usuaria de las técnicas.

Artículo 6. Requisitos de los establecimientos de salud en reproducción asistida.

1. La práctica de cualquiera de las técnicas de reproducción asistida sólo se podrá llevar a cabo en establecimientos de salud debidamente autorizados para ello por la autoridad sanitaria correspondiente. Dicha autorización especificará las técnicas cuya aplicación se autoriza en cada caso.

2. La autorización de un establecimiento de salud para la práctica de las técnicas de reproducción asistida exigirá el cumplimiento de los requisitos y condiciones establecidos en esta Ley y demás normativa vigente, en especial, la dirigida a garantizar la accesibilidad de las personas con discapacidad.

3. Cuando se presenten dilemas bioéticos, deberá darse la intervención correspondiente al Comité Hospitalario de Bioética para dictaminar el caso y emitir una alternativa de solución.

En cuanto a la gestación subrogada deberá estarse a lo dispuesto en el artículo 13 de la ley.

Título II Técnicas de reproducción asistida

Capítulo I Personas que intervienen en las técnicas de reproducción asistida

Artículo 7. Donantes y actos de donación.

1. La donación de gametos y preembriones para las finalidades autorizadas por esta Ley es un acto jurídico gratuito, formal y confidencial concertado entre el donante y el centro autorizado.

2. La donación sólo será revocable cuando el donante precisase para sí los gametos donados, siempre que en la fecha de la revocación aquéllos estén disponibles. A la revocación procederá la devolución por el donante de los gastos de todo tipo originados al centro receptor.

3. La donación nunca tendrá carácter lucrativo o comercial. La compensación económica que permite este tipo de actos jurídicos se pueda fijar sólo y estrictamente por las molestias físicas y los gastos de desplazamiento y laborales que se puedan derivar de la donación y no podrá suponer incentivo económico para ésta. Cualquier actividad de publicidad o promoción por parte de centros autorizados que incentive la donación de células y tejidos humanos deberá respetar el carácter altruista de aquélla, no pudiendo, en ningún caso, alentar la donación mediante la oferta de compensaciones o beneficios económicos. La Secretaría de Salud, previo informe del Comité Hospitalario de Bioética, fijará periódicamente las condiciones básicas que garanticen el respeto al carácter gratuito de la donación.

4. El acto jurídico se formalizará por escrito entre los donantes y el centro autorizado. Antes de la formalización, los donantes habrán de ser informados de los fines y consecuencias del acto. La información y el consentimiento deberán efectuarse en formatos adecuados, siguiendo las reglas marcadas por el principio del diseño para todos, de manera que resulten accesibles y comprensibles a las personas con discapacidad.

5. La donación será anónima y deberá garantizarse la confidencialidad de los datos de identidad de los donantes por los bancos de gametos, así como, en su caso, por los registros de donantes y de actividad de los centros que se constituyan. Los hijos nacidos tienen derecho por sí o por sus representantes legales a obtener información general de los donantes. Igual derecho corresponde a las receptoras de los gametos y de los preembriones. Sólo excepcionalmente, en circunstancias extraordinarias que comporten un peligro cierto para la vida o la salud del hijo o cuando proceda con arreglo a las Leyes procesales penales, podrá revelarse la identidad de los donantes, siempre que dicha revelación sea indispensable para evitar el peligro o para conseguir el fin legal propuesto. Dicha revelación tendrá carácter restringido y no implicará en ningún caso publicidad de la identidad de los donantes.

6. Los donantes deberán tener más de 18 años, buen estado de salud psicofísica y plena capacidad de obrar. Su estado psicofísico deberá cumplir las exigencias de un protocolo obligatorio de estudio de los donantes que incluirá sus características fenotípicas y psicológicas, así como las condiciones clínicas y determinaciones analíticas necesarias para demostrar, según el estado de los conocimientos de la ciencia y de la técnica existentes en el momento de su realización, que los donantes no padecen enfermedades genéticas, hereditarias o infecciosas transmisibles a la descendencia.

Los centros autorizados podrán rechazar la donación cuando las condiciones psicofísicas del donante no sean las adecuadas.

7. El número máximo autorizado de hijos nacidos en México que hubieran sido generados con gametos de un mismo donante no deberá ser superior a cinco. A los efectos del mantenimiento efectivo de ese límite, los donantes deberán declarar en cada donación si han realizado otras previas, así como las condiciones de éstas, e indicar el momento y el centro en el que se hubieran realizado dichas donaciones. Será responsabilidad de cada establecimiento de salud que utilice gametos de donantes

comprobar de manera fehaciente la identidad de los donantes, así como, en su caso, las consecuencias de las donaciones anteriores realizadas en cuanto a la generación de hijos nacidos previamente. Si se acredita que el número de éstos supera el límite establecido, se procederá a la destrucción de las muestras procedentes de ese donante.

A partir de la entrada en funcionamiento del Registro Nacional de Donantes a que se refiere esta Ley, la comprobación de dichos datos podrá hacerse mediante consulta al registro correspondiente. 8. Las disposiciones de este artículo serán de aplicación a los supuestos de donación de gametos sobrantes no utilizados en la reproducción de la propia pareja para la reproducción de personas ajenas a ella.

Artículo 8. Usuarios de las técnicas.

1. Toda persona o pareja mayor de 18 años y con plena capacidad de obrar, con independencia de su estado civil y orientación sexual, podrá ser receptora o usuaria de las técnicas reguladas en esta Ley, siempre que haya prestado su consentimiento escrito a su utilización de manera libre, consciente y expresa, conforme la edad que establece la Ley General de Salud en su artículo 67. En el caso de la mujer, ésta podrá ser usuaria o receptora de las técnicas reguladas en esta Ley con independencia de su estado civil y orientación sexual.

2. Entre la información proporcionada a la mujer, de manera previa a la firma de su consentimiento, para la aplicación de estas técnicas se incluirá, en todo caso, la de los posibles riesgos, para ella misma durante el tratamiento y el embarazo y para la descendencia, que se puedan derivar de la maternidad a una edad clínicamente inadecuada.

3. Si la mujer estuviera casada o unida en concubinato, se precisará, además, el consentimiento de su marido o concubino, a menos que estuvieran separados legalmente y así conste de manera fehaciente. El consentimiento del cónyuge, prestado antes de la utilización de las técnicas, deberá reunir idénticos requisitos de expresión libre, consciente y formal.

4. La información y el consentimiento a que se refieren los apartados anteriores deberán realizarse en formatos adecuados, siguiendo las reglas marcadas por el principio del diseño para todos, de manera que resulten accesibles y comprensibles a las

personas con discapacidad. 5. En la aplicación de las técnicas de reproducción asistida, la elección del donante de semen sólo podrá realizarse por el equipo médico que aplica la técnica, que deberá preservar las condiciones de anonimato de la donación. En ningún caso podrá seleccionarse personalmente el donante a petición de la receptora. En todo caso, el equipo médico correspondiente deberá procurar garantizar la mayor similitud fenotípica e inmunológica posible de las muestras disponibles con la mujer receptora.

Artículo 9. Filiación de los hijos nacidos mediante técnicas de reproducción asistida.

1. La filiación de los nacidos con las técnicas de reproducción asistida se regulará por las Leyes civiles, familiares y demás disposiciones reglamentarias del país, sin distinción o discriminación alguna por su forma de nacimiento, sin embargo, deberán atenderse las especificaciones establecidas en los siguientes artículos.

2. En ningún caso, la inscripción en el Registro Civil reflejará datos de los que se pueda inferir la forma de nacimiento.

Artículo 10. Determinación legal de la filiación.

1. Ni la mujer progenitora ni el marido, cuando hayan prestado su consentimiento formal, previo y expreso a determinada fecundación con contribución de donante o donantes, podrán impugnar la filiación matrimonial del hijo nacido como consecuencia de tal fecundación.

2. Se considera escrito indubitado el documento extendido ante el establecimiento de salud autorizado en el que se refleje el consentimiento a la fecundación con contribución de donante prestado por varón no casado con anterioridad a la utilización de las técnicas. Queda a salvo la reclamación judicial de paternidad.

3. La revelación de la identidad del donante en los supuestos en que proceda conforme a esta Ley no implica en ningún caso determinación legal de la filiación. 4. La filiación de los hijos nacidos por gestación de sustitución será determinada por la pareja o persona que aporte el material genético. El acta de nacimiento no puede, bajo ninguna circunstancia, incluso en situaciones de gestación subrogada, contener indicación de que el bebé nació

mediante la aplicación de técnicas de reproducción asistida. 5. Queda a salvo la posible acción de reclamación de la paternidad respecto del padre biológico, conforme a las reglas generales.

Artículo 11. Premoriencia del marido. 1. No podrá determinarse legalmente la filiación ni reconocerse efecto o relación jurídica alguna entre el hijo nacido por la aplicación de las técnicas reguladas en esta Ley y el marido fallecido cuando el material reproductor de éste no se halle en el útero de la mujer en la fecha de la muerte del varón. 2. No obstante lo dispuesto en el apartado anterior, previa autorización que emita el Comité Hospitalario de Bioética, el marido podrá prestar su consentimiento mediante testamento, para que su material reproductor pueda ser utilizado en los 12 meses siguientes a su fallecimiento para fecundar a su mujer. Tal generación producirá los efectos legales que se derivan de la filiación matrimonial. El consentimiento para la aplicación de las técnicas en dichas circunstancias podrá ser revocado en cualquier momento anterior a la realización de aquéllas. Se presume otorgado el consentimiento a que se refiere el párrafo anterior cuando el cónyuge supérstite hubiera estado sometido a un proceso de reproducción asistida ya iniciado para la transferencia de preembriones constituidos con anterioridad al fallecimiento del marido.

Capítulo II

Procedimiento para la gestación subrogada

Artículo 12. Acto jurídico normativo. La realización del acto jurídico normativo de gestación subrogada sólo es posible de forma excepcional por razones médicas o personales en aquellos casos en los que exista ausencia de útero, alguna lesión o enfermedad que impida llevar a término el embarazo o en situaciones clínicas por infertilidad y/o esterilidad que estén debidamente justificadas. La gestación subrogada como técnica de reproducción asistida, solamente puede ser realizada mediante el uso de los gametos de la persona o pareja que aporte el material genético, es decir ambos cónyuges o concubinos o uno de ellos. En ningún caso, pueda usarse el material reproductor de la mujer gestante. El acto jurídico normativo de gestación subrogada requiere la autorización previa del Comité Hospitalario de Bioética del establecimiento de salud de los sectores público, social o privado en que se practique esta técnica de reproducción asistida, además supervisará todo el proceso hasta el nacimiento, siempre está precedido de audiencia del médico tratante y sólo puede concederse en los casos en que la pareja o persona que acude al uso de la gestación subrogada se debe a una discapacidad por infertilidad y/o esterilidad que le impide tener hijos, lo que debe acreditarse mediante certificado médico que sea avalado por el Comité Hospitalario de Bioética correspondiente. La persona que va a nacer a través del uso de la gestación subrogada, se considera como hijo de la persona o pareja que aporte el material genético, es decir ambos cónyuges o concubinos o uno de ellos.

Artículo 13. Gestación subrogada.

El acceso a la gestación subrogada solamente podrá realizarse en casos de infertilidad, esterilidad y/o ausencia de útero, así como para la prevención y tratamiento de enfermedades de origen genético, siempre que existan las garantías diagnósticas y terapéuticas suficientes y sean debidamente autorizadas en los términos previstos en esta ley. En todos los casos anteriores, incluyendo casos excepcionales podrá realizarse la gestación subrogada por razones personales conforme a los criterios de lex artis o buenas prácticas médicas que autorice el Comité Hospitalario de Bioética correspondiente.

La gestación subrogada es una técnica de reproducción asistida, mediante la cual una mujer se embaraza de forma altruista, mediante inseminación artificial o fecundación in vitro y gesta un bebé en favor de quiénes serán genética y/o legalmente sus padres después de su nacimiento, renunciando a los poderes y deberes propios de la maternidad.

Las técnicas de reproducción asistida, incluidas las realizadas mediante gestación subrogada, deberán respetar la dignidad humana de todas las personas involucradas.

Artículo 14. Prohibición de discriminación. Se prohíbe la discriminación basada en la herencia o patrimonio genético o el hecho de nacer como resultado del uso de técnicas de reproducción asistida.

Artículo 15. Establecimientos de salud autorizados. Las técnicas de reproducción asistida, incluidas aquellas relativas a situaciones de embarazo mediante gestación subrogada, sólo se pueden realizar en establecimientos de salud de los sectores público, social o privado, que sean específicamente autorizados para ello por la Secretaría de Salud y la Comisión Federal para la Protección contra Riesgos Sanitarios.

Artículo 16. Prohibición para celebrar la gestación subrogada.

Se prohíbe la celebración del acto jurídico normativo de gestación subrogada cuando exista una relación de subordinación económica, incluida la relación de tipo laboral o de prestación de servicios entre las partes involucradas.

Artículo 17. Validez y eficacia del consentimiento de las partes intervinientes.

En lo que respecta a la validez y eficacia del consentimiento de las partes, el acto jurídico normativo de gestación subrogada confiere derechos y obligaciones a las partes que intervienen, así como al Comité Hospitalario de Bioética, para supervisar la asistencia médica a la madre gestante durante la gestación, el nacimiento y posterior al mismo.

Artículo 18. Quiénes pueden participar como madres gestantes.

Pueden ser madres gestantes, sólo las mujeres entre veinte y treinta y cinco años de edad que tengan una buena salud psicosomática y que han dado su consentimiento voluntario para prestar su vientre.

Artículo 19. Carácter altruista de la gestación subrogada. Se prohíbe cualquier tipo de pago o donación de cualquier propiedad o cantidad a la madre gestante, por parte de la persona o pareja que serán genética y/o legalmente los padres después del nacimiento, excepto el importe correspondiente a los gastos derivados de la asistencia médica recibida, incluidos los gastos de transporte, debidamente justificados ante el Comité Hospitalario de Bioética.

Artículo 20. Requisitos que debe reunir el acto jurídico normativo de gestación subrogada. El acto jurídico normativo para efectos de la gestación subrogada que autorice el Comité Hospitalario de Bioética, debe pronunciarse sobre lo siguiente:

a) Que la pareja o persona que acude al uso de la maternidad subrogada se debe a una discapacidad por infertilidad y/o esterilidad que le impide tener hijos, lo que debe acreditarse mediante el certificado médico que ha sido avalado por el Comité Hospitalario de Bioética correspondiente.

b) Que el criterio para asignar la maternidad o paternidad, será a partir de quiénes aporten el material genético, es decir ambos cónyuges o concubinos o uno de ellos.

c) Que la filiación de los hijos nacidos mediante la técnica de maternidad subrogada se da por el parentesco que se genera por consanguinidad a partir de la relación con la pareja o persona que aporte el material genético y no por adopción.

d) Que el procedimiento de maternidad subrogada se realiza con carácter altruista en todo momento y sin ánimo de lucro.

e) Que no exista una relación de subordinación económica, incluida la relación de tipo laboral o de prestación de servicios entre las partes involucradas

f) Que el médico autorizado que asista a la madre gestante en el parto, expedirá el certificado de nacimiento, así como una constancia de que la maternidad fue mediante una técnica de reproducción asistida, de igual forma el médico deberá rendir un informe ante el Comité Hospitalario de Bioética.

g) El certificado de nacimiento y constancia de maternidad serán los documentos que permitan acreditar la identidad del menor y su filiación con la pareja o persona que aporte el material genético, para efectos de que el Registro Civil realice el registro de nacimiento y expida el acta correspondiente. La ejecución del acto jurídico normativo de gestación subrogada se realizará bajo la supervisión del Comité Hospitalario de Bioética, que debe incluir en forma obligatoria, las disposiciones que deben observarse en el caso de malformaciones o enfermedades del feto y en caso de interrupción voluntaria del embarazo por parte de la mujer gestante si concurre alguna de las circunstancias fijadas por la ley. El acto jurídico normativo de gestación subrogada no puede imponer restricciones de comportamiento a la mujer gestante o imponer normas que violan sus derechos a la libertad y la dignidad. Será considerado nulo y sin efecto legal el acto jurídico normativo de gestación subrogada que no cumpla con lo dispuesto en los párrafos anteriores y no cuente con la autorización previa por parte del Comité Hospitalario de Bioética.

Artículo 21. Consentimiento informado en la gestación subrogada. Antes de la celebración del acto jurídico normativo, los beneficiarios y la madre gestante deberán ser previamente informados por escrito, de la importancia de la gestación subrogada, de ahí que el consentimiento de las partes deberá ser libre, claro, por escrito y debidamente informado de las implicaciones éticas, médicas, sociales y jurídicas probables ante el Comité Hospitalario de Bioética, sin ningún tipo de discriminación. El consentimiento será irrevocable desde que se inicia la técnica, por lo que el menor nacido será considerado como hijo de los beneficiarios.

Artículo 22. Deber de confidencialidad.

Todos aquellos que, de alguna manera, estén conscientes de la utilización de las técnicas de reproducción asistida, incluso en situaciones de gestación subrogada, están obligados a mantener la confidencialidad de su identidad y sobre el acto jurídico normativo de gestación subrogada.

Artículo 23. Protección de datos personales relativos a la salud.

Para los datos personales relacionados con el proceso de técnicas de reproducción asistida, los beneficiarios respectivos, los donantes, incluida la gestación de la mujer embarazada y los niños nacidos mediante estas técnicas, se aplica la legislación respectiva en materia de protección de datos personales sobre la información genética y la información médica que contenga el expediente clínico conforme las normas oficiales mexicanas.

Artículo 24. Registro de donantes en la gestación subrogada.

La Comisión Nacional de Bioética tendrá facultades para

centralizar toda la información relevante acerca de la aplicación de las técnicas de reproducción asistida que le hagan llegar los Comités Hospitalarios de Bioética, incluido el registro de donantes, incluida la relación de las mujeres que participen en el proceso de gestación subrogada, los bebés y los beneficiarios. Artículo 25. Sanciones en la gestación subrogada. Aquellas personas que apliquen técnicas de reproducción asistida derivadas de la gestación subrogada, en establecimientos de los sectores público, social o privado que no estén autorizados por la Secretaría de Salud, serán castigados con prisión de uno a tres años, si no se produce el embarazo como resultado de la técnica de reproducción; si resulta embarazo, se impondrá prisión de dos a ocho años.

1. Quién, como beneficiario, realice actos jurídicos de gestación subrogada a título oneroso, será castigado con prisión de seis a diecisiete años de prisión y multa por el equivalente de ocho mil a diecisiete mil días de salario mínimo general vigente. Ante aquellos casos en los que se advierta la existencia de trata de personas, deberá estarse a lo dispuesto en la Ley General para prevenir, sancionar y erradicar los delitos en materia de trata de personas y para la protección y asistencia a las víctimas de estos delitos.

2. Quién participe como madre gestante, mediante un acto jurídico de gestación subrogada a título oneroso, será objeto de una multa que no exceda de ocho mil a diecisiete mil días de salario mínimo general vigente.

3. Quién, como beneficiario, realice actos jurídicos de gestación subrogada de forma gratuita, fuera de los casos previstos en esta ley, será castigado con prisión de hasta un año o una multa no superior a ocho mil días de salario mínimo general vigente.

4. Quién participe como madre gestante, realice actos jurídicos de gestación subrogada de forma gratuita, fuera de los casos previstos en esta ley, será castigada con una multa de hasta ocho mil días de salario mínimo general vigente.

5. Quienes promuevan, por cualquier medio, incluso por invitación directa o a través de un intermediario o anuncio público, la celebración de actos jurídicos de gestación subrogada fuera de los casos previstos en esta ley, serán castigados con prisión de hasta 2 años.

Capítulo III

Crioconservación y otras técnicas que permiten la reproducción asistida

Artículo 26. Crioconservación de gametos y preembriones.

1. El semen podrá crioconservarse en bancos de gametos autorizados durante la vida del varón de quien procede.

2. La utilización de ovocitos y tejido ovárico crioconservados requerirá previa autorización de la autoridad sanitaria correspondiente. 3. Los preembriones sobrantes de la aplicación de las técnicas de fecundación in vitro que no sean transferidos a la mujer en un ciclo reproductivo podrán ser crioconservados en los bancos autorizados para ello. La crioconservación de los ovocitos, del tejido ovárico y de los preembriones sobrantes se podrá prolongar hasta el momento en que se considere por los responsables médicos, con el dictamen favorable de especialistas independientes y ajenos al centro correspondiente, que la receptora no reúne los requisitos clínicamente adecuados para la práctica de la técnica de reproducción asistida.

4. Los diferentes destinos posibles que podrán darse a los preembriones crioconservados, así como, en los casos que proceda, al semen, ovocitos y tejido ovárico crioconservados, son: a) Su utilización por la propia mujer o su cónyuge. b) La donación con fines reproductivos. c) La donación con fines de investigación. d) El cese de su conservación sin otra utilización. En el caso de los preembriones y los ovocitos crioconservados, esta última opción sólo será aplicable una vez finalizado el plazo máximo de conservación establecido en esta Ley sin que se haya optado por alguno de los destinos mencionados en los apartados anteriores.

5. La utilización de los preembriones o, en su caso, del semen, los ovocitos o el tejido ovárico crioconservados, para cualquiera de los fines citados, requerirá del consentimiento informado correspondiente debidamente acreditado. En el caso de los preembriones, el consentimiento deberá haber sido prestado por la mujer o, en el caso de la mujer casada con un hombre, también por el marido, con anterioridad a la generación de los preembriones.

6. El consentimiento para dar a los preembriones o gametos crioconservados cualquiera de los destinos citados podrá ser modificado en cualquier momento anterior a su aplicación. En el

caso de los preembriones, cada dos años, como mínimo, se solicitará de la mujer o de la pareja progenitora la renovación o modificación del consentimiento firmado previamente. Si durante dos renovaciones consecutivas fuera imposible obtener de la mujer o de la pareja progenitora la firma del consentimiento correspondiente, y se pudieran demostrar de manera fehaciente las actuaciones llevadas a cabo con el fin de obtener dicha renovación sin obtener la respuesta requerida, los preembriones quedarán a disposición de los centros en los que se encuentren crioconservados, que podrán destinarlos conforme a su criterio a cualquiera de los fines citados, manteniendo las exigencias de confidencialidad y anonimato establecidas y la gratuidad y ausencia de ánimo de lucro. Con anterioridad a la prestación del consentimiento, se deberá informar a la pareja progenitora o a la mujer, en su caso, de lo previsto en los párrafos anteriores de este apartado.

7. La información y el consentimiento a que se refieren los apartados anteriores deberán realizarse en formatos adecuados, siguiendo las reglas marcadas por el principio del diseño para todos, de manera que resulten accesibles y comprensibles a las personas con discapacidad.

8. Los centros de fecundación in vitro que procedan a la crioconservación de gametos o preembriones humanos de acuerdo con lo establecido en este artículo deberán disponer de un seguro o garantía financiera equivalente que asegure su solvencia, en los términos que se fijen reglamentariamente, para compensar económicamente a las parejas en el supuesto de que se produjera un accidente que afecte a su crioconservación, siempre que, en el caso de los preembriones crioconservados, se hayan cumplido los procedimientos y plazos de renovación del consentimiento informado correspondiente.

Artículo 27. Diagnóstico preimplantatorio.

1. Los centros debidamente autorizados podrán practicar técnicas de diagnóstico preimplantatorio para:

a) La detección de enfermedades hereditarias graves, de aparición precoz y no susceptibles de tratamiento curativo posnatal con arreglo a los conocimientos científicos actuales, con objeto de llevar a cabo la selección embrionaria de los preembriones no afectos para su transferencia.

b) La detección de otras alteraciones que puedan comprometer la viabilidad del preembrión. La aplicación de las técnicas de diagnóstico preimplantatorio en estos casos deberá comunicarse a la autoridad sanitaria correspondiente, que informará de ella a la Comisión Nacional de Bioética.

2. La aplicación de técnicas de diagnóstico preimplantatorio para cualquiera otra finalidad no comprendida en el apartado anterior, o cuando se pretendan practicar en combinación con la determinación de los antígenos de histocompatibilidad de los preembriones in vitro con fines terapéuticos para terceros, requerirá de la autorización expresa, caso a caso, de la autoridad sanitaria correspondiente, previo informe favorable del Comité Hospitalario de Bioética, que deberá evaluar las características clínicas, terapéuticas y sociales de cada caso.

Artículo 28. Técnicas terapéuticas en el preembrión.

1. Cualquier intervención con fines terapéuticos sobre el preembrión vivo in vitro sólo podrá tener la finalidad de tratar una enfermedad o impedir su transmisión, con garantías razonables y contrastadas.

2. La terapia que se realice en preembriones in vitro sólo se autorizará si se cumplen los siguientes requisitos: a) Que la pareja o, en su caso, la mujer sola haya sido debidamente informada sobre los procedimientos, pruebas diagnósticas, posibilidades y riesgos de la terapia propuesta y las hayan aceptado previamente. b) Que se trate de patologías con un diagnóstico preciso, de pronóstico grave o muy grave, y que ofrezcan posibilidades razonables de mejoría o curación. c) Que no se modifiquen los caracteres hereditarios no patológicos ni se busque la selección de los individuos o de la raza. d) Que se realice en centros sanitarios autorizados por la Secretaría de Salud.

3. La realización de estas prácticas en cada caso requerirá de la autorización de la autoridad sanitaria correspondiente, previo informe favorable de la Comisión Federal para la Protección contra Riesgos Sanitarios.

Capítulo IV

Investigación con gametos y preembriones humanos

Artículo 29. Utilización de gametos con fines de investigación. 1. Los gametos podrán utilizarse de manera independiente con fines de investigación. 2. Los gametos utilizados en investigación o experimentación no podrán utilizarse para su transferencia a la mujer ni para originar preembriones con fines de procreación.

Artículo 30. Utilización de preembriones con fines de investigación.

1. La investigación o experimentación con preembriones sobrantes procedentes de la aplicación de las técnicas de reproducción asistida sólo se autorizará si se atiene a los siguientes requisitos: a) Que se cuente con el consentimiento escrito de la pareja o, en su caso, de la mujer, previa explicación pormenorizada de los fines que se persiguen con la investigación y sus implicaciones. Dichos consentimientos especificarán en todo caso la renuncia de la pareja o de la mujer, en su caso, a cualquier derecho de naturaleza dispositiva, económica o patrimonial sobre los resultados que pudieran derivarse de manera directa o indirecta de las investigaciones que se lleven a cabo. La información y el consentimiento deberán efectuarse en formatos adecuados, siguiendo las reglas marcadas por el principio del diseño para todos, de manera que resulten accesibles y comprensibles a las personas con discapacidad. b) Que el preembrión no se haya desarrollado in vitro más allá de 14 días después de la fecundación del ovocito, descontando el tiempo en el que pueda haber estado crioconservado. c) En el caso de los proyectos de investigación relacionados con el desarrollo y aplicación de las técnicas de reproducción asistida, se exigirá que la investigación se realice en centros autorizados por equipos científicos cualificados, bajo control y seguimiento de las autoridades de salud competentes. d) Que se realicen con base en un proyecto debidamente presentado y autorizado por las autoridades sanitarias competentes, previo informe favorable de la Comisión Nacional de Bioética si se trata de proyectos de investigación relacionados con el desarrollo y aplicación de las técnicas de reproducción asistida, o del órgano competente si se trata de otros proyectos de investigación relacionados con la obtención, desarrollo y utilización de líneas celulares de células troncales embrionarias. e) En el caso de la cesión de preembriones a otros centros, en el proyecto mencionado en el párrafo anterior deberán especificarse las relaciones e intereses comunes de cualquier naturaleza que pudieran existir

entre el equipo y centro entre los que se realiza la cesión de preembriones. En estos casos deberán también mantenerse las condiciones establecidas de confidencialidad de los datos de los progenitores y la gratuidad y ausencia de ánimo de lucro.

2. Una vez terminado el proyecto, la autoridad que concedió la autorización deberá dar traslado del resultado de la experimentación a la Comisión Nacional de Bioética y, en su caso, al órgano competente que lo informó.

Artículo 31. Conservación y utilización de los preembriones para investigación.

1. Los preembriones crioconservados sobrantes respecto de los que exista el consentimiento de la pareja progenitora o, en su caso, la mujer para su utilización con fines de investigación se conservarán, al igual que aquellos otros para los que se haya consentido en otros destinos posibles, en los bancos de preembriones de los centros de reproducción asistida correspondientes.

2. La utilización efectiva del preembrión con fines de investigación en un proyecto concreto en el propio centro de reproducción asistida, o su traslado a otro centro en el que se vaya a utilizar en un proyecto concreto de investigación, requerirá del consentimiento expreso de la pareja o, en su caso, de la mujer responsable del preembrión para su utilización en ese proyecto, previa información pormenorizada y comprensión por los interesados de los fines de esa investigación.

Artículo 32. Disposición supletoria. En los casos no previstos en esta Ley para efectos de la investigación con gametos y preembriones humanos, deberá aplicarse de forma supletoria la Ley General de Salud en materia de investigación para la salud y su reglamento. Capítulo V Establecimientos de salud y equipos biomédicos

Artículo 33. Calificación y autorización de los establecimientos de salud en reproducción asistida.

Todos los establecimientos de salud en los que se realicen las técnicas de reproducción asistida, o sus derivaciones, así como los bancos de gametos y preembriones, se regirán por la Ley General de Salud y sus reglamentos y precisarán para la práctica de las técnicas de reproducción asistida de la correspondiente autorización específica por la Comisión Federal para la Protección contra Riesgos Sanitarios.

Artículo 34. Condiciones de funcionamiento de los establecimientos de salud en reproducción asistida.

1. Los equipos biomédicos que trabajen en estos establecimientos de salud deberán estar especialmente cualificados para realizar las técnicas de reproducción asistida, sus aplicaciones complementarias o sus derivaciones científicas y contarán para ello con el equipamiento y los medios necesarios. Actuarán interdisciplinariamente, y el director del establecimiento de salud del que dependen será el responsable directo de sus actuaciones.

2. Los equipos biomédicos y la dirección de los establecimientos de salud en que trabajan incurrirán en las responsabilidades que legalmente correspondan si violan el secreto de la identidad de los donantes, si realizan mala práctica con las técnicas de reproducción asistida o los materiales biológicos correspondientes o si, por omitir la información o los estudios establecidos, se lesionan los intereses de donantes o usuarios o se transmiten a los descendientes enfermedades congénitas o hereditarias, evitables con aquella información y estudio previos.

3. Los equipos médicos recogerán en una historia clínica, custodiada con la debida protección y confidencialidad conforme las normas oficiales mexicanas, todas las referencias sobre los donantes y usuarios, así como los consentimientos firmados para la realización de la donación o de las técnicas. Los datos de las historias clínicas, excepto la identidad de los donantes, deberán ser puestos a disposición de la receptora y de su pareja, o del hijo nacido por estas técnicas o de sus representantes legales cuando llegue a su mayoría de edad, si así lo solicitan.

4. Los equipos biomédicos deberán realizar a los donantes y a las receptoras cuantos estudios estén establecidos reglamentariamente, y deberán cumplimentar igualmente los protocolos de información sobre las condiciones de los donantes o la actividad de los centros de reproducción asistida que se establezcan.

Artículo 35. Auditorías de funcionamiento.

Los centros de reproducción humana asistida se someterán con la periodicidad que establezca la Comisión Federal para la Protección contra Riesgos Sanitarios a auditorías externas que evaluarán tanto los requisitos técnicos y legales como la información transmitida a la Comisión Nacional de Bioética a los efectos registrales correspondientes y los resultados obtenidos en su práctica clínica.

Capítulo VI

Registro nacional en materia de reproducción asistida

Artículo 36. Registro nacional de donantes.

1. El Registro nacional de donantes, adscrito a la Comisión Nacional de Bioética, es aquel ente administrativo en el que se inscribirán los donantes de gametos y preembriones con fines de reproducción humana, con las garantías precisas de confidencialidad de los datos de aquéllos.

2. Este registro, cuyos datos se basarán en los que sean proporcionados por los establecimientos de salud, en lo que se refiere a su ámbito territorial correspondiente, consignará también los hijos nacidos de cada uno de los donantes, la identidad de las parejas o mujeres receptoras y la localización original de unos y otros en el momento de la donación y de su utilización.

3. La Secretaría de Salud a través de la Comisión Federal para la Protección contra Riesgos Sanitarios, previo informe de la Comisión Nacional de Bioética, regulará la organización y funcionamiento del registro nacional.

Artículo 37. Registro nacional de actividad y resultados de los establecimientos de salud en reproducción asistida.

1. Con carácter asociado o independiente del registro anterior, el Gobierno Federal previo informe de la Comisión Nacional de Bioética, regulará la constitución, organización y funcionamiento de

un registro de actividad de los establecimientos de salud en reproducción asistida.

2. El registro de actividad de los establecimientos de salud en reproducción asistida deberá hacer públicos con periodicidad, al menos, anual los datos de actividad de los centros relativos al número de técnicas y procedimientos de diferente tipo para los que se encuentren autorizados, así como las tasas de éxito en términos reproductivos obtenidas por cada centro con cada técnica, y cualquier otro dato que se considere necesario para que por los usuarios de las técnicas de reproducción asistida se pueda valorar la calidad de la atención proporcionada por cada establecimiento de salud.

El registro de actividad de los establecimientos de salud en reproducción asistida recogerá también el número de preembriones crioconservados que se conserven, en su caso, en cada centro.

Artículo 38. Suministro de información.

Los centros en los que se practiquen técnicas de reproducción asistida están obligados a suministrar la información precisa, para su adecuado funcionamiento, a las autoridades encargadas de los registros regulados en los dos artículos anteriores.

Capítulo VII

De las atribuciones de la Secretaría de Salud

Artículo 39. Corresponde a la secretaría:

1. Garantizar el derecho de las personas a la reproducción asistida;

2. Otorgar autorización a los Bancos conforme al artículo 315 de la Ley General de Salud;

3. Revocar las autorizaciones a las que hace alusión la fracción anterior;

4. Expedir los lineamientos relativos a las técnicas de reproducción asistida;

5. Elaborar y actualizar el proyecto de Reglamento de la presente ley; 6. Vigilar el cabal cumplimiento de esta ley, de los instrumentos internacionales, del Reglamento y demás disposiciones aplicables;

7. Fomentar una adecuada coordinación entre la federación, las entidades federativas y los municipios, en materia de reproducción asistida;

8. Promover la investigación en materia de reproducción asistida;

9. Formular políticas públicas en materia de reproducción asistida;

10. Garantizar el control sanitario de las donaciones y aplicación de las técnicas de reproducción asistida, por conducto de la Cofepris;

11. Brindar asesoría técnica y científica para la creación y funcionamiento de bancos estatales y municipales, así como a las instituciones públicas y privadas tanto nacionales como extranjeras que lo soliciten;

12. Autorizar para la creación y funcionamiento de bancos de competencia federal, previa asesoría técnica, científica y legal;

13. Autorizar y renovar cuando así proceda, las certificaciones correspondientes a los hospitales y clínicas que reúnan las condiciones para prestar los servicios de técnicas de reproducción asistida;

14. Autorizar y renovar cuando así proceda, las certificaciones correspondientes a los profesionales y técnicos de la salud que pretendan prestar sus servicios en los bancos de competencia federal;

15. Certificar la aplicación de los avances científicos en las técnicas de reproducción asistida;

16. Coadyuvar con la comisión en la realización de investigaciones biomédicas, y fomentar la realización de este tipo de investigaciones en los bancos estatales y municipales, así como entre las instituciones privadas nacionales y extranjeras;

17. Inspeccionar y auditar a los bancos a fin de constatar el debido cumplimiento de los requisitos técnicos, sanitarios y legales, así como evaluar los resultados obtenidos en la práctica médica;

18. Realizar estadísticas en materia de reproducción asistida, con la información que le proporcionen los bancos;

19. Suscribir convenios de colaboración con todo tipo de organismos públicos e instituciones privadas especializadas en materia de reproducción asistida; y

20. Las demás que le asigne la ley, su Reglamento y las disposiciones legales aplicables.

Capítulo IX De las atribuciones de la Comisión Nacional de Bioética

Artículo 40. Corresponde a la comisión:

1. Coadyuvar con las autoridades correspondientes en la realización de investigaciones en materia de reproducción asistida;

2. Promover la protección de los derechos humanos inherentes a la reproducción asistida;

3. Realizar en coordinación con las demás autoridades foros, cursos, conferencias y seminarios en materia de bioética;

4. Difundir entre la sociedad y los profesionales, técnicos y auxiliares de la salud, el respeto a la dignidad y a la vida humana;

5. Apoyar el desempeño de la Secretaría de Salud; 6. Colaborar con las sanciones o temas que solicite la Secretaría de Salud;

7. Colaborar con la Secretaría de Salud, en la certificación de profesionales y técnicos de la salud en materia de reproducción asistida;

8. Certificar el proceso del consentimiento informado; y

9. Las demás que le asigne la ley, su Reglamento y las disposiciones legales aplicables.

Capítulo X

De las atribuciones de la Comisión Federal para la Protección contra Riesgos Sanitarios

Artículo 41. Corresponde a la Cofepris:

1. Garantizar y vigilar el control sanitario de las donaciones y aplicación de las técnicas de reproducción asistida;

2. Vigilar las condiciones sanitarias de los bancos;

3. Fomentar las acciones tendentes a promover la mejora continua de las condiciones sanitarias en matera de reproducción humana asistida;

4. Expedir los certificados oficiales que avalen las condiciones sanitarias de los bancos;

5. Colaborar con la Secretaría de Salud, en la certificación de profesionales y técnicos de la salud en materia de control y condiciones sanitarias inherentes a la reproducción humana asistida; y

6. Las demás que le asigne la ley, su Reglamento y las disposiciones legales aplicables.

Capítulo XI Infracciones y sanciones

Artículo 42. Criterios generales para la determinación de infracciones en materia de reproducción asistida.

1. Las infracciones en materia de reproducción asistida serán objeto de las sanciones administrativas correspondientes, conforme al procedimiento que indica el Título Décimo Octavo de la Ley General de Salud, relativo a las medidas de seguridad, sanciones y delitos. Lo anterior, sin perjuicio de las responsabilidades civiles, penales o de otro orden que puedan concurrir.

2. En ningún caso se impondrá una doble sanción por los mismos hechos y en función de los mismos intereses protegidos, si bien deberán exigirse las demás responsabilidades que se deduzcan de otros hechos o infracciones concurrentes.

3. En los procedimientos sancionadores se podrán adoptar, medidas de carácter provisional que se estimen necesarias para asegurar la eficacia de la resolución que definitivamente se dicte, el buen fin del procedimiento, evitar el mantenimiento de los efectos

de la infracción y las exigencias de los intereses generales.

4. En la adopción y cumplimiento de tales medidas se respetarán, en todo caso, las garantías, normas y procedimientos previstos en el ordenamiento jurídico para proteger los derechos a la intimidad y a la protección de los datos personales, cuando éstos pudieran resultar afectados.

Artículo 43. Responsables.

De las diferentes infracciones será responsable su autor. Cuando el cumplimiento de las obligaciones previstas en esta Ley corresponda a varias personas conjuntamente, responderán de forma solidaria de las infracciones que se comentan y de las sanciones que se impongan. Los directores de los establecimientos de salud responderán solidariamente de las infracciones cometidas por los equipos biomédicos dependientes de aquéllos.

Artículo 44. Sanciones.

1. Las infracciones serán sancionadas conforme lo que dispone el título Décimo Octavo de la Ley General de Salud.

2. La cuantía de la sanción que se imponga, dentro de los límites indicados, se graduará teniendo en cuenta los riesgos para la salud de la madre o de los preembriones generados, la cuantía del eventual beneficio obtenido, el grado de intencionalidad, la gravedad de la alteración sanitaria o social producida, la generalización de la infracción y la reincidencia.

3. En todo caso, cuando la cuantía de la multa resulte inferior al beneficio obtenido por la comisión de la infracción, la sanción será aumentada hasta el doble del importe en que se haya beneficiado el infractor.

4. Si un mismo hecho u omisión fuera constitutivo de dos o más infracciones, tipificadas en esta u otras Leyes, se tomará en consideración únicamente aquélla que comporte la mayor sanción.

Artículo 45. Competencia sancionadora.

Son competentes para ordenar o ejecutar medidas de seguridad, la Secretaría de Salud y los gobiernos de las entidades federativas, en el ámbito de sus respectivas competencias. La participación de los municipios y de las autoridades de las comunidades indígenas estará determinada por los convenios que celebren con los gobiernos de las respectivas entidades federativas y por lo que dispongan los ordenamientos locales.

Artículos Transitorios

Primero. La presente reforma entrará en vigor el día siguiente al de su publicación en el Diario Oficial de la Federación.

Segundo. La constitución, organización y funcionamiento del registro nacional de actividad y resultados de los establecimientos de salud en reproducción asistida al que se refiere esta Ley se podrá llevar a cabo, a través de los instrumentos jurídicos pertinentes, por entidades o sociedades científicas que acrediten ante la Secretaría de Salud, la experiencia y capacidad para desarrollar y mantener un registro de esta naturaleza con las garantías de calidad, fiabilidad, confidencialidad, amplitud y organización de la información que le sean requeridas por los órganos competentes de dicha secretaría. Tercero. A la entrada en vigor de esta ley quedan derogadas todas las disposiciones normativas que se le opongan. Cuarto. En la ley general que se emita en materia de registros civiles a que se refiere la fracción XXIX-R del artículo 73 de la Constitución Política de los Estados Unidos Mexicanos deberá preverse además de la obligación de trabajar con formatos accesibles de inscripción; la estandarización de actas a nivel nacional; medidas de seguridad física y electrónica; la posibilidad de realizar trámites con firmas digitales; de realizar consultas y emisiones vía remota; el diseño de mecanismos alternos para la atención de comunidades indígenas y grupos en situación de especial vulnerabilidad y marginación; mecanismos homologados de captura de datos; simplificación de procedimientos de corrección, rectificación y aclaración de actas, la facultad para expedir actas de nacimiento de personas nacidas mediante técnicas de reproducción asistida, incluida la gestación por subrogación.

Quinto. Los trámites y procedimientos administrativos relacionados con el objeto de esta Ley que se encuentren en trámite al momento de su entrada en vigor, se resolverán conforme a las disposiciones vigentes en la fecha en que iniciaron dichos trámites y procedimientos. Sexto. Corresponderá a las autoridades encargadas de las presentes disposiciones emitir y efectuar las adecuaciones normativas y reglamentos correspondientes a fin de dar cumplimiento al presente decreto. Para ello contarán con un plazo no mayor de 180 días.

FUENTES DE CONSULTA

- ACUÑA NUÑEZ, Richard. Iniciativa de Ley que Garantiza el Acceso a Técnicas de Reproducciòn Humana Asistida.

  http://www.leyes.congreso.gob.pe/Documentos/2016_2021/Proyectos_de_Ley_y_de_Resoluciones_Legislativas/PL0331320180907..pdf

- ALBORNOZ María Mercedes y Francisco LÓPEZ GONZÁLEZ. Marco normativo de la gestación por sustitución en México: desafíos internos y externos. http://www.scielo.org.mx/pdf/rius/v11n39/1870-2147-rius-11-39-00009.pdf

- ALONSO TOSCA, Ernesto. La maternidad subrogada y sustituta en el marco jurídico de Tabasco. https://revistas.juridicas.unam.mx/index.php/hechos-y-derechos/article/view/10480/12645

- ARIAS DE RONCHIETTO, Catalina Elsa. El derecho a casarse y fundar una familia. La familia: Encuentro de naturaleza y cultura: El derecho al estado de familia. https://archivos.juridicas.unam.mx/www/bjv/libros/9/4281/18.pdf

- BADILLA, Ana Elena. El derecho a constitución y la protección de la familia en la normativa y la jurisprudencia del Sistema Interamericano de Derechos Humanos. http://www.corteidh.or.cr/tablas/a22086.pdf

- BEJÁRANO SÁNCHEZ, Manuel. Derecho de las Obligaciones. 3° Ed. Editorial Harla.

- COSSIO DÍAZ, José Ramón. Reseñas Argumentativas del Pleno y de las Salas. Reseña del Amparo en Revisión 553/2016. "Matrimonios entre personas del mismo sexo. derecho a acudir a técnicas de reproducción asistida para convertirse en padres y que la filiación del producto se establezca en relación con ambos cónyuges" https://www.scjn.gob.mx/sites/default/files/resenias_argumentativas/documento/2019-07/res-JRCD-0553-18.pdf

- FUNDACIÓN BBV-DIPUTACIÓN FORAL DE BIZKAIA. Código de Leyes sobre Genética. Universidad de Deusto. Bilbao España. 1997.

- GÓMEZ DE LA TORRE VARGAS, Maricruz. La Fecundación In Vitro y la Filiación. Editorial Jurídica de Chile. Santiago de Chile 1993. Pág. 41

- GUTIERREZ Y GONZÁLEZ, Ernesto. Derecho Sucesorio Inter Vivos y Mortis Causa. Editorial Porrúa. México 1995.

- HERRASTI, Alicia y R.P. Pedro Herrasti S.M. Inseminación Artificial y Clonación. 2° Ed. Folleto EVC 619.

- HUXLEY, Aldous. Un Mundo Feliz. Ediciones Leyenda

- MARTÍNEZ – CALCERRADA, Luis. La Nueva Inseminación Artificial. (Estudio Ley 22 de Noviembre de 1988). Madrid, España 1989.

- PABON MANTILLA, Ana Patricia. El acceso a las técnicas de reproducción asistida como una garantía de los derechos sexuales y reproductivos: la jurisprudencia de la Corte Constitucional a la luz del Derecho Internacional de los Derechos Humanos* http://www.scielo.org.co/pdf/just/n31/0124-7441-just-31-00171.pdf

- PIÑA HERNÁNDEZ Norma Lucia. Reseñas Argumentativas del Pleno y de las Salas. Reseña del Amparo en Revisión 852/2017. "El hijo biológico de una mujer puede ser reconocido voluntariamente por otra mujer con quien aquélla conforme una unión familiar homoparental (análisis del artículo 384 del código civil del estado de aguascalientes) https://www.scjn.gob.mx/sites/default/files/resenias_argumentativas/documento/2019-08/res-NLPH-0852-17.pdf

- SAVATER, Fernando. Ética para Amador. Editorial Ariel. México 2000.

- VALDEZ DIAZ, Caridad del Carmen. El acceso a algunas tècnicas de reproducciòn humana asistida: "Crónica de una vida anunciada". Revista Ius, Vol 11. Nª 39. Puebla ene/Jun 2017. http://www.scielo.org.mx/scielo.php?script=sci_arttext&pid=S1870-21472017000100003

LEGISLACIÓN

- Ley General de Salud.

- Código Civil del Distrito Federal.

- Código Civil del Estado de México.

- Código Civil del Estado de Tabasco.

- Código Civil del Estado de Michoacán.

- Ley 26862

SENTENCIAS

- CORTE CONSTITUCIONAL DE LA REPÚBLICA DE COLOMBIA. Sentencia T-274/15.

  http://www.corteconstitucional.gov.co/relatoria/2015/t-274-15.htm

- CORTE INTERAMERICANA DE DERECHOS HUMANOS. Caso Artavia Murillo y otros ("fecundación in vitro") vs. Costa Rica sentencia de 28 de noviembre de 2012 (Excepciones Preliminares, Fondo, Reparaciones y Costas).

  http://www.corteidh.or.cr/docs/casos/articulos/seriec_257_esp.pdf